# MENGUASAI KEJU DI RUMAH



## 100 Teknik dan Resipi Mudah untuk Menghasilkan Keju Anda Sendiri dari Gores

**Helgi Beck**

# Jadual Kandungan

# PENGENALAN

Wyrób sera to starożytne rzemiosło przekazywane z pokolenia na pokolenie, przekształcające proste składniki, takie jak mleko, w szeroką gamę pysznych i aromatycznych serów. Wyrób sera w domu pozwala tworzyć świeże, rzemieślnicze produkty dostosowane do Twoich preferencji smakowych, wolne od konserwantów i dodatków powszechnie występujących w odmianach kupowanych w sklepach. Proces ten jest zarówno satysfakcjonujący, jak i edukacyjny, dając wgląd w chemię żywności, gdy uczysz się kontrolować konsystencję, smak i dojrzewanie swojego sera.

Przy odpowiednich narzędziach i odrobinie cierpliwości wyrób sera w domu może być zabawną i przyjemną aktywnością zarówno dla początkujących, jak i doświadczonych kucharzy. Niezależnie od tego, czy tworzysz miękką, kremową mozzarellę, czy twardy, pikantny cheddar, domowy ser otwiera drzwi do kreatywności w kuchni, umożliwiając eksperymentowanie z różnymi rodzajami mleka, kulturami i aromatami.

Ten przewodnik przeprowadzi Cię przez podstawy wyrobu sera, od wyboru składników po dojrzewanie Twojego dzieła, pomagając Ci opanować sztukę wyrobu sera we własnym domu.

# RESEPI KEJU

1. Keju buatan sendiri

## PRODUK YANG DIPERLUKAN

- susu segar - 10 liter biri-biri segar
- Mei -1 sudu besar untuk keju (20 titis / 20 ml)
- Garam - 200 g setiap 1 liter air sebagai pengganti pengasinan + 120 g setiap 1 liter air sebagai pengganti penyimpanan

## KAEDAH PENYEDIAAN

1. Susu kambing biri-biri segar ditapis dan dipanaskan hingga 70 darjah selama kira-kira 10 minit dan tidak boleh mendidih. Kemudian biarkan ia sejuk hingga 33-34 darjah. Ragi dicairkan dengan air masak dan sejuk dalam nisbah 1. mengaku: sepuluh.
2. Kacau rata dan biarkan susu membeku selama 1 jam pada suhu ini, kemudian tuangkan dalam cheesecloth dan toskan selama 2 jam, memisahkan whey.
3. Kemudian masukkan keju ke dalam ayak dan perah dengan pemberat, biarkan ia berehat sekurang-kurangnya 6 jam, kemudian potong

menjadi kepingan individu dan rendam seperti garam.

4. Untuk pensinteran pertama anda memerlukan 1 liter air dan 200 g garam, di mana keju mesti berehat selama sekurang-kurangnya 24 jam, kemudian pindahkan ke yang kedua juga untuk penyimpanan, yang disediakan dari 120 g garam setiap 1 liter air dalam bilik dengan suhu kira-kira 10 darjah.
5. Keju sedia untuk dimakan selepas 60 hari dan boleh disimpan di dalam peti sejuk.

2. Keju bakar

## PRODUK YANG DIPERLUKAN

- Keju - 500-600 g air garam keras
- lada merah - 1 sudu besar.
- Rosemary - 1 - 2 sudu besar
- enak - 1 sudu besar.
- Thyme - 1 sudu besar.
- Minyak zaitun - 3 sudu besar.

## KAEDAH PENYEDIAAN

1. Potong keju menjadi 4-5 segi empat tepat. Sapu setiap bahagian dengan sedikit minyak zaitun dan taburkan dengan rata dengan beberapa rempah.
2. Balut kepingan keju dalam aluminium foil dan bakar dalam ketuhar atau gril yang telah dipanaskan. Bakar lebih kurang 10-15 minit. Hidangkan keju yang dibakar terus dengan kerajang dan hiaskan dengan bawang segar yang dicincang dan sayur-sayuran segar.

3. Roti keju

## PRODUK YANG DIPERLUKAN

- Keju - 500 g
- Minyak - 3 sudu kecil.
- Bir - 100 ml
- Telur - 4 - 5 keping
- Serbuk roti - 1 sudu kecil.
- Tepung - 2 sudu kecil.
- Garam - 2 secubit

## KAEDAH PENYEDIAAN

1. Asingkan putih telur daripada kuning. Pukul kuning telur dengan bir dan tambah tepung sehingga anda mendapat pes yang sangat pekat. Kemudian pukul putih telur dengan secubit garam dan masukkan kuning telur dengan teliti.
2. Panaskan minyak dalam kuali yang dalam dan potong keju mengikut saiz yang dikehendaki, yang telah di dalam peti sejuk selama 15 minit. Canai setiap bahagian dalam adunan, kemudian masukkan serbuk roti dan goreng di kedua-dua belah.
3. Jika anda mahukan roti yang lebih pekat, canai dua kali dalam adunan dan dalam serbuk

roti. Toskan keju siap di atas kertas dapur. Hidangkan dengan lauk pilihan anda.

4. krim keju

## PRODUK YANG DIPERLUKAN

- susu segar - 1 liter
- Yis keju - 5 titis

## KAEDAH PENYEDIAAN

1. Susu asli asli harus digunakan, bukan dari kedai!
2. Panaskan susu hingga lebih kurang. 40 darjah, tambah yis, kacau. Dia tinggal di mahkamah selama kira-kira 1 jam.
3. Tuangkan ke dalam kain kasa. Tuangkan whey. Kemudian garam dan, seperti pada kain keju, tekan antara dua papan kayu selama kira-kira 1 jam.
4. Akhir sekali, keluarkan cheesecloth dan potong ke dalam bahagian.

5. Keju panggang

## PRODUK YANG DIPERLUKAN

- Keju - 300 g
- Tepung - 1 sudu besar.
- Tomato - 1 pc.
- Parsley - dicincang halus
- Mentega - 1 sudu besar.

## KAEDAH PENYEDIAAN

1. Panaskan sacha dengan baik dan masukkan minyak.
2. Potong keju menjadi kepingan segi empat tepat, kemudian gulungkan tepung di semua sisi.
3. Goreng keju dalam mentega yang dipanaskan sehingga ia mempunyai kerak rangup yang bagus.
4. Keluarkan sacha dari api dan letakkan hirisan tomato di sekeliling keju.
5. Taburkan dengan garam dan pasli cincang halus.

## 6. Kek keju

## PRODUK YANG DIPERLUKAN

- yogurt - 1/2 sudu kecil.
- telur - 1 keping
- garam - 1 sudu kecil.
- gula - 1 sudu kecil.
- minyak - 1 sudu besar.
- serbuk penaik - 1 sudu kecil.
- tepung - 2 - 2 dan 1/2 sudu teh.
- keju - 200 g

## KAEDAH PENYEDIAAN

1. Campurkan yogurt, telur, gula, garam, minyak dalam mangkuk, pukul mereka dengan baik dengan pukul dawai.
2. Uli doh secara beransur-ansur, masukkan tepung yang telah diayak bersama serbuk penaik. Anda harus mendapatkan doh yang lembut dan sedikit melekit.
3. Pindahkannya ke kaunter dapur yang ditabur tepung dan bentukkan menjadi gulungan, yang anda perlu potong kepada 10 bahagian. Daripada mereka membentuk pai yang lazat, meletakkan sedikit keju di tengah.
4. Picit tepi dengan baik dan canai di atas dapur untuk menjadikan kek keju licin.

5. Goreng kek keju buatan sendiri dalam lemak panas dengan api perlahan. Keluarkan pai yang telah siap pada rak dawai. Hidangkan untuk sarapan pagi.

## 7. Muffin keju

## PRODUK YANG DIPERLUKAN

- Telur - 1 keping
- Serbuk penaik - 3 - 4 sudu kecil.
- Garam - 1/2 sudu kecil.
- Gula - 1/2 sudu kecil.
- Oregano - 1/4 sudu kecil. atau hati
- Yogurt - 3/4 sudu kecil.
- Mentega - 2 sudu besar.
- Tepung - 2 sudu kecil.
- Keju - 2/3 sudu kecil. Patah
- Zaitun - 1/3 sudu kecil. potong, pilihan

## KAEDAH PENYEDIAAN

1. Panaskan ketuhar hingga 180 darjah dan sediakan 12 tin muffin dengan melumurinya sedikit.
2. Campurkan tepung yang telah diayak bersama serbuk penaik, garam, gula dan oregano.
3. Pukul telur secara berasingan dengan yogurt, kemudian masukkan keju dan buah zaitun.
4. Masukkan campuran tepung ke dalam campuran ini, kacau sentiasa.
5. Sapukan adunan cheese muffin ke dalam acuan.

6. Tanpa melimpah, isikan muffin sehingga 1-2 jari di bawah rim (bergantung kepada bentuk).
7. Bakar selama 15-20 minit.

8. Pinggan keju cair

## PRODUK YANG DIPERLUKAN

- keju cair - 1 pc.
- Tepung - 200 g
- emping jagung
- Telur - 2 pcs.
- Air - dengan ais

## KAEDAH PENYEDIAAN

1. Potong keju cair menjadi kepingan kira-kira 1 cm tebal.
2. Celupkannya dalam air sejuk, kemudian dalam tepung, telur, dan serpihan jagung.
3. Goreng dalam minyak dengan api besar. Keluarkan keju berlapis roti yang disediakan di atas kertas.
4. Kepingan keju cair dihidangkan sebagai pemula atau pemula wain.
5.

## 9. Souffle keju

## PRODUK YANG DIPERLUKAN

- yogurt - 250 g
- beras - 300 g
- keju - 150 g
- minyak - 50 g
- telur - 3 pcs.
- lada

## KAEDAH PENYEDIAAN

1. Beras direbus dalam susu yang dicairkan dengan 300 ml. air.
2. Selepas sejuk, campurkan dengan mentega yang disebat, yang mana kami menambah satu demi satu kuning telur, keju parut, putih telur yang disebat, lada hitam dan garam.
3. Tuang adunan ke dalam loyang yang telah digris dan parut keju kuning di atasnya dan bakar.

10. gulung keju

## PRODUK YANG DIPERLUKAN

- Air - 1.5 sudu kecil.
- Minyak - 1 sudu besar
- Tepung - 1.5 sudu kecil
- Keju - dihancurkan 250 g
- Telur - 2 pcs.
- lada
- Minyak untuk menggoreng

## KAEDAH PENYEDIAAN

1. Didihkan air dan masukkan minyak. Tuangkan tepung sekali gus dan gaul cepat untuk mendapatkan adunan yang licin.
2. Masukkan keju dan keluarkan dari api. Bila dah sejuk masukkan telur yang telah dipukul tadi. Panaskan minyak, cedok adunan dengan sudu basah dan goreng gulung.
3. Hidangkan gulung dengan lebih banyak keju dan jem.

# 11. Keju krim vegan

## PRODUK YANG DIPERLUKAN

- Susu soya - 1 liter
- Cuka cider epal - 1 sudu kecil.
- Minyak zaitun - 1 sudu besar.
- Garam Himalaya - 1 sudu kecil.
- Serbuk bawang putih - 1/2 sudu kecil.
- Serbuk Dill - 1/2 sudu kecil.
- lada putih - 1/2 sudu kecil.
- Pasli - 1 sudu besar. segar

## KAEDAH PENYEDIAAN

1. Masukkan susu soya ke dalam periuk yang sesuai dan biarkan mendidih dengan api sederhana.
2. Selepas susu mendidih, masukkan cuka epal dan mula kacau perlahan-lahan.
3. Matlamatnya adalah untuk memotong susu dan mendapatkan sesuatu seperti keju kotej.
4. Tuangkan keju yang dihasilkan ke dalam kain keju dan toskan dengan baik.
5. Selepas toskan, pindahkan ke mangkuk yang sesuai, tambah minyak zaitun dan rempah ke dalam keju krim buatan sendiri dan kacau rata sehingga keju krim vegan yang licin dan halus diperolehi.

12. gulung keju

## PRODUK YANG DIPERLUKAN

- Yogurt - 1 sudu kecil.
- Minyak - 120 g
- Telur - 1 pc.
- Serbuk penaik - 1 sudu kecil.
- Garam - $1\frac{1}{2}$ sudu teh
- Tepung - kira-kira 1 kg
- Telur - 2 pcs.
- Keju - 100 g

## KAEDAH PENYEDIAAN

1. Uli doh lembut untuk gulung tepung, telur dan yogurt, di mana kita pukul soda, garam dan minyak.
2. Bahagikan doh kepada dua dan canai helaian setebal lebih kurang 1 cm dan potong segi empat sama 5 x 5 cm.
3. Sediakan inti dari dua telur dan keju parut. Letakkan sedikit inti pada setiap bahagian di satu sudut dan gulung secara menyerong seperti roti.
4. Sapu roti gulung dengan telur dan bakar dalam ketuhar sederhana.

## 13. Keju kambing bakar

## PRODUK YANG DIPERLUKAN

- keju kambing - 120 g
- minyak zaitun - 1 sudu besar.
- lada merah - 1/2 sudu kecil.
- tomato - 1 pc.

## KAEDAH PENYEDIAAN

1. Di bahagian bawah kuali atau kuali di mana keju akan dibakar, titiskan sedikit minyak zaitun.
2. Dari keju potong pinggan atau kepingan dan masukkan ke dalam kuali yang digris.
3. Taburkan keju dengan paprika dan sedikit lagi minyak zaitun.
4. Tomato juga dipotong menjadi kepingan, yang disusun di atas dan sisi keju kambing.
5. Masukkan ke dalam ketuhar dan bakar pada suhu 200 darjah sehingga lembut dan bahagian tepi tomato mula keperangan.
6. Keju yang dipanggang dimakan semasa masih hangat dan merupakan pembuka selera yang ideal untuk wain merah.

## 14. Bayam dengan keju

PRODUK YANG DIPERLUKAN

- Bayam - 1 kg
- Keju - 250 g
- susu segar - 220 ml
- Telur - 2 pcs.
- Mentega - 70 g

KAEDAH PENYEDIAAN

1. Bersihkan dan basuh bayam, potong kecil dan rebus dalam minyak dan sedikit air. Pukul telur dan masukkan keju parut. Cairkan dengan susu.
2. Masukkan bayam yang telah dikukus dalam kuali yang telah digris, perasakan dengan garam dan tuangkan ke atas adunan di atas.
3. Tuangkan baki mentega di atasnya. Bakar dalam ketuhar. Anda boleh dengan mudah menggantikan keju dengan keju kuning atau keju kotej.

## 15. roti keju

## PRODUK YANG DIPERLUKAN

- Tepung - 120 g
- Minyak - 90 g
- Air - 225 ml
- Pecahkan telur - 3 pcs
- Garam - 1 secubit

*UNTUK PENGISIAN*

- Gruyere - 75 g
- secara mental - 75 g
- Telur - 1 pc. Patah
- Brandy - 2 sudu kecil.
- Kuning telur - 1 pc. Patah

## KAEDAH PENYEDIAAN

1. Ayak tepung bersama garam. Cairkan mentega di dalam air dan biarkan mendidih. Angkat dari api dan gaul dengan tepung. Pukul hingga rata.
2. Biarkan ia sejuk dan masukkan telur yang telah dipukul. Bentukkan doh yang terhasil menjadi bebola sebesar walnut dan bakar dalam ketuhar yang telah dipanaskan pada suhu 220 darjah selama 10-15 minit.

3. Untuk mengelakkan ia melekat, letakkan di atas kertas pembakar yang telah digris dan bakar. Keluarkan mereka dari ketuhar dan kurangkan suhu kepada 200 darjah.
4. Untuk inti, pukul keju parut dengan telur dan brendi. Buat lubang pada bun dan isi dengan adunan. Sapu dengan kuning telur dan kembalikan ke ketuhar selama 5 minit untuk dibakar. Hidangkan segera.

16. Siput dengan keju

## PRODUK YANG DIPERLUKAN

- Kerak kek - 1 pek
- Mentega - 1 sachet
- Telur - 3 pcs.
- Keju - 150 g

## KAEDAH PENYEDIAAN

1. Gris setiap kerak dengan mentega cair. Susun mereka di atas satu sama lain dan gulungkannya menjadi gulungan yang kukuh.
2. Potong bulatan dan susun dalam loyang yang telah digris. Pukul telur dan campurkan dengan keju parut dan baki mentega.
3. Tuangkan ke atas patties dalam kuali dan bakar dalam ketuhar sederhana.

17. Kembang kol dengan Keju

## PRODUK YANG DIPERLUKAN

- Kubis - 2 kg bunga
- Mentega - 100 g segar
- Keju - 150 g (atau 100 g keju kuning)
- Pasli - $\frac{1}{2}$ sambungan
- Garam secukup rasa

## KAEDAH PENYEDIAAN

1. Kembang kol dikupas dan dicuci / kembang kol / dipotong dahan dan direbus dalam air masin hingga lembut.
2. Ia boleh dimasak keseluruhan dan kemudian dipotong.
3. Toskan air, tuangkan mentega cair panas dan taburkan dengan keju parut atau keju kuning.
4. Hiaskan dengan setangkai pasli dan hidangkan.

18. Nasi dengan keju

## PRODUK YANG DIPERLUKAN

- beras - 8 sudu besar.
- keju - 3 sudu kecil. rosak
- tomato - 500 g
- bawang putih - 2 kepala
- minyak - 20 g
- minyak - 1 pek. (125g)
- serbuk roti - 3 - 4 sudu besar.
- daun bay - 1 pc.
- pasli - 1/2 sambungan
- lada

## KAEDAH PENYEDIAAN

1. Basuh beras dengan berhati-hati di bawah aliran air sejuk yang kuat. Rebus dalam 2 sudu kecil. air masin dan toskan cecair yang berlebihan.
2. Rebus tomato sebentar dalam air mendidih, kemudian kupas dan parut. Cincang halus bawang dan rebus dengan minyak yang dipanaskan. Apabila bawang lembut, masukkan tomato, daun bay dan pasli yang dicincang halus. Rebus sos tomato sehingga air sejat dan pekat.

3. Masukkan 1/2 mentega ke dalam sos tomato yang disediakan dan garam dengan garam dan lada sulah.
4. Dalam kuali yang telah digris, letakkan lapisan beras, lapisan sos tomato dan lapisan keju yang dicincang. Bergantian sehingga produk habis, berhati-hati untuk menyelesaikannya dengan lapisan keju.
5. Taburkan hidangan dengan serbuk roti yang telah dihancurkan dan tuangkan baki mentega yang telah kita rebus di atas dapur. Bakar nasi dengan keju selama kira-kira 30 minit dalam ketuhar yang dipanaskan hingga 180 darjah.

## 19. Sandwic keju

## PRODUK YANG DIPERLUKAN

- Keju - 200 g
- Telur - 2 pcs.
- Roti - hirisan putih
- Mentega-lembu
- Paprika

## KAEDAH PENYEDIAAN

1. Tumbuk keju dalam mangkuk yang lebih dalam, masukkan telur, setengah sudu teh air dan secubit paprika dan gaul rata.
2. Sapu hirisan nipis dengan minyak dan edarkan adunan di atas.
3. Bakar sehingga perang keemasan.
4. Rempah lain boleh digunakan sebagai ganti lada merah.

## 20. Keju ragout

## PRODUK YANG DIPERLUKAN

- tomato - 1 kg
- kubis - 1 kubis bersaiz sederhana
- beras - 2 sudu kecil.
- mentega - 1 paket lembu
- bawang - 2 kepala
- keju - 1 1/2 sudu kecil.
- pasli - 1/2 sambungan
- telur - 3 pcs.
- susu segar - 1 sudu kecil.

## KAEDAH PENYEDIAAN

1. Goreng bawang dalam separuh minyak, masukkan beras dan goreng selama beberapa minit. Masukkan tomato cincang halus, tuangkan 2 cawan air panas dan biarkan mendidih dengan api perlahan. Potong tomato yang tinggal menjadi kepingan.
2. Bersihkan kubis, keluarkan tongkol supaya daun kekal, yang dibanjiri dengan air mendidih untuk melembutkan. Dalam kuali yang digris, susun hirisan tomato, pada mereka - sebaris daun kubis. Separuh nasi yang dicampur dengan keju dan pasli ditaburkan pada daun kubis.

3. Tutup dengan sebaris daun kobis dan susun sebaris tomato di atasnya. Gerimis dengan baki mentega cair. Bakar selama 20-30 minit dalam ketuhar sederhana yang telah dipanaskan terlebih dahulu. Pukul telur dengan susu dan tuangkan ke atas ragout yang dibakar. Kembali ke ketuhar untuk membakar sehingga perang keemasan.

## 21. Keju kerbau bakar

## PRODUK YANG DIPERLUKAN

- Bawang putih - 2 kepala
- Keju kerbau - 200 g
- Tomato - 2 pcs.
- keju kuning - 70 g
- lada
- minyak zaitun

## KAEDAH PENYEDIAAN

1. Tambah sedikit minyak zaitun ke bahagian bawah kuali yang anda ingin bakar keju. Kupas dan potong bawang.
2. Masukkan dalam kuali yang telah digris dan letakkan hirisan keju kerbau di atasnya. Potong tomato menjadi kepingan dan sapukan pada keju. Taburkan lada hitam yang dikisar dan akhiri dengan keju kuning.
3. Dalam kes ini, keju kuning adalah kepingan siap dipotong. Keju dibakar pada suhu 200 darjah selama kira-kira 20 minit.
4. Hidangkan keju yang dibakar sebagai permulaan.
5. Keju kerbau bakar yang sangat sedap dan wangi.

## 22. Buttercup dengan keju

## PRODUK YANG DIPERLUKAN

- Paprika - 15 pcs. merah
- Keju - 300 g
- susu segar - 3 sudu besar.
- lada

## KAEDAH PENYEDIAAN

1. Bersihkan lada dari batang dan biji. Bakar, tumis sebentar dalam beg plastik dan kupas.
2. Lada yang dikupas dicincang halus, masin dan dihancurkan dalam mortar kayu. Masukkan keju parut dengan garpu, susu segar dan kacau semuanya sehingga jisim homogen terbentuk.
3. Jika anda mahu, anda boleh menambah sedikit lada hitam pada buttercup ini dengan keju.
4. Hidangkan sos panas yang disediakan bersama roti buatan sendiri.

## 23. sup keju

## PRODUK YANG DIPERLUKAN

- Bawang - 2 ikatan
- Minyak - 2 sudu besar.
- Tepung - 2 s. L.
- Roti - 600 ml.
- susu segar - 400 ml.
- Keju - 300 g.
- Telur - 1 pc.
- Krim - 100 g.
- Sedap
- Pasli
- lada

## KAEDAH PENYEDIAAN

1. Bawang yang dicincang halus dikukus dalam minyak, tepung ditambah dan sup dan susu ditambah, kacau sentiasa.
2. Masak selama 5 minit, kemudian masukkan keju parut dan kacau. Garam dengan lada hitam, perasakan dengan rempah.
3. Tambah dengan kuning telur yang telah dipukul dan taburkan dengan pasli.

24. Pai dengan keju

## PRODUK YANG DIPERLUKAN

- air - 1.5 sudu kecil.
- mentega - 50 g.
- garam - 1 secubit
- lada hitam - 1 secubit
- tepung - 125 g.
- telur - 2 pcs.
- keju - 100 g atau keju kuning

## KAEDAH PENYEDIAAN

1. Masukkan air, minyak, garam dan lada sulah dalam periuk di atas dapur. Apabila mendidih, tuang kesemua tepung sekali gus dan gaulkan dengan senduk kayu sehingga menjadi doh. Kemudian keluarkan dari api dan biarkan sejuk, tambah keju terlebih dahulu.
2. Kemudian masukkan telur satu persatu, dan kacau sehingga adunan homogen diperolehi.
3. Menggunakan picagari, buat patties kecil, yang disusun pada jarak jauh dalam kuali yang digris dan dibakar dalam ketuhar sederhana. Patty membengkak dan jumlahnya hampir dua kali ganda. Hidangkan hangat.

25. Lasagna dengan keju

## PRODUK YANG DIPERLUKAN

- Kerak - sedia untuk lasagna
- Tepung - 3 sudu besar.
- susu segar - 500 ml
- Mentega - 2 sudu besar. sepenuhnya
- Telur - 3 keping
- Keju - kira-kira 250 g
- keju cair - 150 g
- keju kuning - 250 g
- Tomato - 2 keping, pilihan
- lada
- Kari - 1 sudu kecil.
- Basil - 1 sudu kecil.

## KAEDAH PENYEDIAAN

1. Masak mangkuk lasagna dalam air mendidih dengan sedikit garam dan lemak.
2. Panaskan mentega dalam kuali, goreng tepung di dalamnya dan secara beransur-ansur cair dengan susu segar, kacau sentiasa.
3. Dalam sos bechamel yang dihasilkan, masukkan keju putih parut dan keju cair yang dihiris. Perasakan secukup rasa dengan kari, garam dan lada sulah.

4. Biarkan sos sejuk sedikit dan gaulkan dengan telur yang telah dipukul, berhati-hati agar tidak bersilang.
5. Griskan kuali kecil dan tuangkan sedikit sos. Susun kerak di atas, tuangkan ke atas sos, taburkan dengan keju parut, secara pilihan menyebarkan cincin tomato dan kupas lagi. Susun sehingga produk habis dan kemudian tuangkan sos.
6. Taburkan selasih dan sedikit mentega cair atau minyak zaitun, taburkan sedikit kari dan bakar dalam ketuhar yang telah dipanaskan selama setengah jam.
7. Sejurus sebelum mengeluarkan lasagna dengan keju, taburkan dengan keju kuning, bakar dan keluarkan dari ketuhar.

## 26. Asparagus dengan keju

## PRODUK YANG DIPERLUKAN

- Asparagus - 500 g
- Keju - 200 g
- Keju kotej - 100 g
- bawang liar - 2 sudu besar. dicincang
- Minyak - 1 - 2 sudu besar.
- Susu - 100 ml
- lada merah - 3 secubit
- Parmesan - 1 sudu besar. parut, pilihan

## KAEDAH PENYEDIAAN

1. Kupas asparagus dan masak dalam air panas dan susu selama kira-kira 6 minit. Toskan dan pindahkan ke dalam loyang yang telah digris sedikit. Campurkan bersama keju parut, keju kotej dan daun kucai cincang dan sapukan di atas asparagus.
2. Cairkan mentega dan tuangkan ke atas kuali dan taburkan paprika. Secara pilihan tambah keju Parmesan parut. Bakar dalam ketuhar sederhana yang telah dipanaskan sehingga ia berwarna perang yang menyelerakan.

# 27. Cannelloni dengan keju

## PRODUK YANG DIPERLUKAN

- Pasta - 1 kotak cannelloni
- Keju - 400 g
- Parmesan - 50-60 g, parut
- Keju biru - 50-60 g parut
- Telur - 2 keping
- Tomato - 400 g segar atau dalam tin
- keju kuning - 150 g
- Minyak - 1 sudu besar.
- Bawang - 1 bawang
- lada hitam - secukup rasa
- dill
- Parsely
- selasih

## KAEDAH PENYEDIAAN

1. Pukul telur dengan keju parut, keju biru parut dan parmesan, dill dan pasli yang dicincang halus, garam dan lada. Isikan cannelloni yang telah direndam terlebih dahulu dengan campuran yang dihasilkan. Susun dalam loyang yang telah digris.
2. Panaskan minyak dalam kuali dan tumiskan bawang besar yang telah dihiris halus. Masukkan tomato dan reneh selama kira-kira

5 minit. Perasakan dengan basil segar yang dicincang, tetapi mungkin kering secukup rasa.

3. Tuangkan cannelloni dengan sos tomato dan bakar dalam ketuhar yang telah dipanaskan pada 200 darjah selama kira-kira 40 minit. Taburkan dengan keju kuning parut sebelum dikeluarkan dari ketuhar dan kembali untuk membakar.

## 28. Keju tauhu panggang

## PRODUK YANG DIPERLUKAN

- tauhu - 600 g
- lada merah - 1 sudu kecil. tidak lengkap
- minyak
- kicap
- jus lemon

## KAEDAH PENYEDIAAN

1. Keju tauhu dipotong menjadi kepingan tebal, yang disapu sedikit minyak pada kedua-dua belah pihak. Taburkan dengan paprika dan bungkus setiap bahagian dalam kerajang pembakar.
2. Bakar keju pada kuali gril atau gril, kemudian biarkan ia sejuk dengan baik tanpa melepaskannya dari kerajang.
3. Keju dihidangkan sejuk, disiram dengan perapan kicap dan jus lemon.

## 29. Roti bawang putih dengan keju

## PRODUK YANG DIPERLUKAN

- Telur - 1 pc.
- Gula - 15 g
- Yis kering - 4 g
- susu segar - 90 ml suam
- Mentega - 3 sudu besar. cair
- Tepung - 280 g
- Serbuk bawang putih - 1 sudu kecil.
- Garam - 1 sudu kecil.
- Keju - 250 g
- Kuning telur - untuk memberus

## KAEDAH PENYEDIAAN

1. Pukul telur dengan baik dan kemudian masukkan gula, yis, susu suam, mentega, sedikit tepung, kacau lagi dan biarkan suam selama 15 minit.
2. Apabila yis telah diaktifkan, masukkan sedikit demi sedikit tepung yang dicampur dengan garam dan serbuk bawang putih.
3. Uli doh yang lembut, tutup dengan kain dan biarkan naik selama 45 minit.
4. Kami membahagikan doh siap menjadi dua bola, yang kami gulung ke dalam kerak kira-kira 10 cm tebal.

5. Masukkan kerak pertama ke dalam kuali yang telah digris, taburkan rata dengan keju parut dan tutup dengan kerak kedua.
6. Sapu kek keju dengan kuning telur yang dipukul dengan sedikit air dan bakar dalam ketuhar yang telah dipanaskan pada suhu 180 ° C selama 15-18 minit.
7. Makan kek bawang putih ini dengan keju pada bila-bila masa sepanjang hari.

30. Bubur cendawan dengan keju

## PRODUK YANG DIPERLUKAN

- Cendawan - 300 g
- Mentega lembu - 50 g
- Tepung - 1 sudu besar.
- Garam - 1 secubit
- Keju - 100 g
- susu segar - 1/2 sudu kecil.
- Pala - 1 secubit
- lada hitam - 2 picit dikisar
- Pasli - 2 sudu besar. dicincang

## KAEDAH PENYEDIAAN

1. Potong cendawan menjadi kepingan kecil. Goreng dalam mentega selama 4-5 minit.
2. Kemudian, kacau sentiasa, masukkan tepung dan kemudian susu. Kami terus kacau sehingga ia pekat.
3. Tutup api dan garam, masukkan buah pala, lada hitam dan tumbuk keju.
4. Kacau dan biarkan puri cendawan wangi ditutup dengan penutup di atas dapur selama 30 minit.
5. Sebelum dihidangkan, masukkan pasli cincang ke dalam bubur lazat kami, kacau perlahan-lahan dan tuangkan ke atas pinggan.

6. Susun bubur cendawan dengan keju mengikut kehendak.

31. Tutmanik disumbat dengan keju

## PRODUK YANG DIPERLUKAN

- Tepung - 3 sudu kecil.
- Keju - 350 g
- Telur - 2 pcs.
- Garam - secubit
- Lemak - 8 sudu besar. pilihan
- susu segar - 2 sudu kecil.
- Mei - 20 g segar

## KAEDAH PENYEDIAAN

1. Masukkan susu suam ke dalam mangkuk dan larutkan yis di dalamnya. Masukkan garam dan telur, ayak tepung secara beransur-ansur dan gaul dengan spatula untuk mendapatkan adunan yang pekat.
2. Masukkan keju parut dan kacau.
3. Masukkan campuran untuk Tutmanik yang lazat dalam kuali, tuangkan separuh daripada lemak di atasnya, kemudian tuangkan adunan dan baki lemak.
4. Biarkan tutmanika dengan keju berehat selama 20 minit dan bakar pada suhu 180 darjah sehingga siap.
5. Tutmanik kacau dengan keju adalah sarapan yang hebat!

32. Keju kambing buatan sendiri sebenar

## PRODUK YANG DIPERLUKAN

- Mei - 1 sudu besar. untuk keju
- Garam laut - kasar
- Susu kambing - 4 liter baru dibuat dari awal

## KAEDAH PENYEDIAAN

1. Tuangkan susu ke dalam periuk di atas dapur dan biarkan ia hangat hingga kira-kira 38 darjah. Saya biarkan ia panas hingga 60 darjah dan kemudian sejuk hingga 36 darjah.
2. Anda memerlukan termometer untuk memantau suhu. Anda juga boleh mencubanya dengan jari anda - jika anda boleh menahan suhu, tidak mengapa.
3. Pada pembungkusan yis keju, ia ditunjukkan berapa banyak titisan untuk diberikan. Saya meletakkan 5 titis pada satu liter susu - itu 20 titis. Selepas susu sejuk hingga 36-38 darjah, tuangkan 1 sudu besar. boleh.
4. Kacau dari atas ke bawah dan ke tepi, jangan pulas. Biarkan selama 5 minit dan tutup dengan penutup. Tutup periuk dengan selimut tebal atau selimut untuk memastikan ia hangat. Biarkan selama satu atau dua jam.

5. Buka skru periuk dan biarkan susu berdiri selama setengah jam. Buka penutup, anda akan melihat whey yang dipisahkan. Potong jisim putih menjadi kepingan dengan pisau, mereka akan bercampur dengan whey, tetapi jangan risau.

33. Kek bayam dengan keju

**PRODUK YANG DIPERLUKAN**

*UNTUK BARKS*

- susu segar - 300 ml
- Tepung - 650 gram
- Minyak - 75 ml
- Ragi kering - 3 sudu kecil.
- Gula - 2 sudu kecil.
- Telur - 3 keping
- Garam - 1 sudu kecil.

*PENGISIAN*

- Telur - 8 keping
- Daun bawang - 3 tangkai
- Keju - 200 gram
- Bayam - 200 gram
- Bijan - untuk percikan

**KAEDAH PENYEDIAAN**

1. Ayak tepung ke dalam mangkuk. Larutkan yis dalam susu suam dan biarkan ia mengembang.
2. Kemudian masukkan tepung bersama-sama dengan produk lain dan uli doh yang lembut dan tidak melekat. Tutup dengan kain bersih dan biarkan naik dalam api.

3. Kukus bayam dalam lemak panas dan rebus telur.
4. Dalam mangkuk, campurkan bawang cincang dengan bayam kukus, telur cincang dan keju parut. Gaul sebati.
5. Bahagikan doh kepada bebola yang sama saiz. Gulung setiap satu sehingga anda mendapat potongan nipis. Griskan kerak dan sapukan inti di atas.
6. Gulung dan letakkan di atas loyang berbentuk siput. Jadi teruskan dengan semua kerak.
7. Biarkan doh yang dicanai naik semula. Sapu dengan telur yang telah dipukul dan taburkan dengan bijan.
8. Panaskan ketuhar hingga 180 darjah Celsius. Bakar kek sehingga menyelerakan.
9. Kek bayam dengan keju sudah siap.

## 34. Kek dengan krim keju

## PRODUK YANG DIPERLUKAN

- Countertops - 3 tukang masak untuk kek
- Keju krim - 4 beg (125 g setiap satu)
- Krim - 200 ml gula-gula + 200 g doh masam
- Gula - 150-200 g serbuk
- Vanila - titisan pati
- susu segar - 150 ml
- Sirap - 100 ml aprikot atau lain-lain. Buah-buahan, pekat dan manis
- Kuki - walnut, untuk menghias

## KAEDAH PENYEDIAAN

1. Pukul keju dengan krim dan gula pada masa yang sama dengan pengadun krim sehingga krim berbuih terbentuk. Masukkan beberapa titis esen vanila.
2. Campurkan susu dengan sirap dan rendam roti pertama. Berhati-hati untuk tidak keterlaluan sirap - marshmallow harus dituangkan dengan sangat ringan. Sapukan sedikit krim pada helaian sirap dan ulangi proses dengan helaian yang tinggal. Sapukan banyak krim pada kek.
3. Tumbuk biskut kenari. Perkara terbaik untuk dilakukan ialah memotongnya dalam

pemproses makanan bersama-sama dengan sirap yang lain. Lumurkan sedikit kertas dapur dan sapukan adunan biskut di atas dengan spatula. Cuba sapu bentuk kek. Kemudian pusingkan kertas ke atas kek dalam satu gerakan pantas sehingga biskut longgar. Tekan perlahan-lahan pada permukaan kek.

4. Biarkan di dalam peti sejuk selama 2 jam.

## 35. Ayam dengan keju biru

## PRODUK YANG DIPERLUKAN

- Daging ayam - 500 g fillet
- Keju biru - 200 g
- Wain - 200 ml putih
- Krim - rebus 300 ml
- Sol
- lada
- minyak zaitun
- Lemon - perahan jus lemon sebanyak 2 keping
- Parsely
- lada

## KAEDAH PENYEDIAAN

1. Perap fillet ayam dalam minyak zaitun, jus lemon, pasli, garam dan lada sulah selama setengah jam. Kemudian toskan ayam dan bakar 2 sudu besar dalam kuali. Minyak rata pada kedua-dua belah. Keluarkan atas pinggan.
2. Masukkan keju biru parut ke dalam kuali yang sama dan kacau sehingga cair. Kemudian masukkan wain dan krim dan kacau. Reneh selama 5 minit dan perasakan dengan garam dan lada sulah. Masukkan kepingan ayam ke

dalam sos dan biarkan mendidih selama beberapa minit lagi.

## 36. Sup basel dengan keju

## PRODUK YANG DIPERLUKAN

- Tepung - 70 g.
- Mentega - 60 g.
- Bawang - 1 kepala
- Bacon - 30 gr.
- Sup - daging 1250 ml.
- Wain merah - 100 ml.
- Keju - parmesan 50 g.

## KAEDAH PENYEDIAAN

1. Buat campuran ringan mentega dan tepung, tambah bawang cincang halus dan bacon, goreng, tuangkan dalam sup sedikit panas dan kacau.
2. Sup direbus selama setengah jam, kacau sekali-sekala, kemudian ditapis, dipanaskan, ditambah wain, masin dan dihidangkan.
3. Keju parut dihidangkan secara berasingan.

## 37. Brokoli dengan keju biru

## PRODUK YANG DIPERLUKAN

- Brokoli - 450 g
- Keju biru - 100 g
- keju kuning - 50 g parut
- Keju - 50 g cair
- Krim - 5 sudu besar. diperam
- Mentega - 1 sudu kecil.
- lada hitam - secukup rasa

## KAEDAH PENYEDIAAN

1. Brokoli dikukus. Masukkan dalam bekas yang sesuai dan masukkan sedikit garam. Keju biru dilenyek dan keju kuning diparut pada parut besar.
2. Campurkan keju dalam mangkuk dan kacau krim dengan baik. Perasakan dan tambah sedikit garam jika perlu. Sapukan adunan ke atas bunga ros brokoli.
3. Bakar sebentar hingga kekuningan.

38. Roti dengan krim keju

## PRODUK YANG DIPERLUKAN

- Air - 1/2 sudu kecil. hangat
- Keju - 200 g krim
- Marjerin - 50 g
- Gula - 1 dan 1/2 sudu besar.
- Telur - 1 keping
- Garam - 1 sudu kecil
- Mei - 2 sudu kecil. kering
- Tepung - 3 cawan
- bijan

## KAEDAH PENYEDIAAN

1. Campurkan semua bahan tanpa tepung ke jisim homogen. Uli dan uli secara beransur-ansur dengan tepung sehingga menjadi doh yang lembut.
2. Bentukkan bebola kecil dan masukkan ke dalam loyang yang telah digris.
3. Taburkan sedikit bijan dan bakar dalam ketuhar sederhana sehingga perang keemasan.

## 39. Keju dengan air berkilau

## PRODUK YANG DIPERLUKAN

- Keju - 400 g
- Tomato - 3 pcs.
- Telur - 5 pcs.
- Cendawan - 150 g
- Air berkarbonat - 150 ml
- Mentega - 75 g
- Pasli - 1/2 sambungan
- Lada panas - 5 pcs.
- Paprika

## KAEDAH PENYEDIAAN

1. Keju yang dipotong-potong diletakkan di dalam bekas (tanah liat) kalis api. Teratas dengan tomato cincang, cendawan dan mentega. Tutup dengan tudung dan reneh selama 10 minit.
2. Tuangkan ke atas telur yang telah dipukul bersama air berkilau dan bakar lagi sehingga lapisan telur bertukar menjadi perang keemasan.
3. Hidangkan hangat, taburkan setiap bahagian dengan lada hitam dan hiaskan dengan lada panas panggang.

## 40. Tomato bakar dengan keju

## PRODUK YANG DIPERLUKAN

- Tomato - 4 pcs.
- Mozzarella - 300 g.
- Bawang - 2 kepala
- Bawang putih - 2 ulas
- Garam - 1/2 sudu kecil.
- minyak
- Lada putih
- Oregano - 1 sudu besar.
- selasih
- minyak zaitun

## KAEDAH PENYEDIAAN

1. Sapukan kuali dengan minyak zaitun. Panaskan ketuhar hingga 220 ° C. Basuh dan keringkan tomato dan potong menjadi kepingan tebal 1 cm bersama-sama dengan keju. Susun sebaris tomato, sebaris keju, dsb., secara menegak.
2. Kupas dan potong bawang merah dan bawang putih. Garam dan haluskan bawang putih.
3. Campurkan minyak zaitun, bawang putih, bawang besar dan lada dan tuangkan campuran ini ke atas tomato dan keju. Bakar dalam ketuhar selama 20 minit. Taburkan

dengan oregano dan selasih. Bakar selama 5 minit lagi.

## 41. Kek kentang dengan keju

PRODUK YANG DIPERLUKAN

- Kentang - 2 sederhana
- Minyak - 50 ml
- Keju - 30 g
- Bawang - 1/2 kepala
- kiri
- lada
- Telur - 4 PCS. kecil

KAEDAH PENYEDIAAN

1. Kentang yang dikupas dipotong menjadi bulan sabit nipis. Potong dan kupas setengah bawang. Taburkan dengan garam dan lada sulah.
2. Pukul telur dalam mangkuk dan masukkan keju parut. Panaskan minyak dalam kuali kecil dan goreng bawang besar dan kentang sehingga lembut.
3. Tuangkan campuran telur ke atasnya dan goreng 2-3 darjah dengan api perlahan untuk mendapatkan warna keemasan di bahagian bawah.
4. Terbalikkan penutup atau pinggan besar dan kembali ke kuali, goreng di sebelah lagi.

Hidangkan tortilla siap dengan setangkai pasli.

42. Kentang bakar dengan keju

## PRODUK YANG DIPERLUKAN

- Kentang - 1 kg
- Minyak - $\frac{1}{2}$ sudu teh sayur-sayuran
- Keju - 150 g (atau 200 g keju kotej)
- Telur - 4 pcs.
- susu segar - 1 sudu kecil.
- lada
- Kim
- Parsely

## KAEDAH PENYEDIAAN

1. Kentang yang telah dikupas masak separuh masak dalam air masin, kemudian ditoskan dan dihiris. Susun kentang secara berlapis-lapis dalam kuali yang telah digris dengan lemak.
2. Campuran dua telur yang dipukul, keju parut dan jintan manis diletakkan di antara. Taburkan acuan dengan minyak sayuran panas dan masukkan ke dalam ketuhar selama sepuluh minit.
3. Taburkan kentang panggang dengan pasli, kemudian tuangkan ke atas dua telur yang lain, disebat dengan susu, garam dan lada dan bakar dalam ketuhar yang lebih kuat.

4. Hidangkan hangat dengan salad, bergantung pada musim.

# 43. Telur bertudung dengan keju

## PRODUK YANG DIPERLUKAN

- telur - 3 pcs.
- keju - 50 g
- Cuka - 1 sc.
- minyak - 50g
- garam secukup rasa

## KAEDAH PENYEDIAAN

1. Letakkan periuk air di atas dapur, di mana kami meletakkan garam, cuka dan tunggu sehingga mendidih.
2. Telur dipecahkan menjadi kepingan kecil dan dibiarkan mendidih sehingga bertutup iaitu putihnya menjadi putih.
3. Hancurkan keju di atas pinggan dan dengan bantuan sudu berlubang keluarkan telur bertudung yang disediakan dan letakkan di atas keju.
4. Goreng mentega dalam kuali dan tuangkan telur di atas. Jika dikehendaki, lada merah boleh ditambah.
5. Hasilnya adalah hidangan yang lazat dan mudah sesuai untuk makan tengah hari yang cepat.

## 44. Bebola daging krim keju

## PRODUK YANG DIPERLUKAN

- krim keju - 4 - 5 pcs.
- telur - 4 pcs.
- tepung - 4-5 sudu besar.
- lada
- kuning telur - 1 pc.
- mentega - 1 sudu besar.

## KAEDAH PENYEDIAAN

1. Keju krim dilecek dengan garpu, masukkan garam dan lada sulah secukup rasa. Campurkan dengan telur yang telah dipukul dan uli doh dengan tepung.
2. Bentuk bebola daging dan susun dalam kuali yang telah digris. Sapukan mentega dan kuning telur di atas.
3. Bakar dalam ketuhar pada 200 darjah sehingga perang keemasan.

# 45. Keju dalam kaserol terbaja

PRODUK YANG DIPERLUKAN

- keju - 150 g
- tomato - 1 pc.
- mentega
- pasli

KAEDAH PENYEDIAAN

1. Lumurkan bahagian bawah kuali dengan minyak.
2. Di atasnya kami meletakkan sekeping keju, pasli cincang halus dan sepotong tomato, belakang sekeping mentega. Bakar dalam ketuhar sederhana.
3. Apabila dihidangkan, taburkan dengan pasli lagi.

# 46. Sayur-sayuran dengan keju feta

## PRODUK YANG DIPERLUKAN

- tomato - 2 pcs
- timun - 1 pc
- lada - 2 merah dan kuning
- bawang merah - 1/2 kepala
- buah zaitun - 6-7 pcs
- Selada - 4 helai daun
- keju - 200 g feta
- minyak zaitun - 60 ml
- jus lemon - 4 sudu besar.
- lada
- oregano - 1/2 sudu kecil. kering
- selasih - 1/2 sudu kecil. kering

## KAEDAH PENYEDIAAN

1. Potong keju feta ke dalam kiub dan perap selama setengah jam dalam minyak zaitun, jus lemon, sedikit garam, oregano dan selasih.
2. Kemudian semua sayur-sayuran yang telah dibersihkan digaul dalam mangkuk.
3. Salad dicincang ringan, tomato dan timun dipotong menjadi kepingan, lada menjadi jalur nipis, dan bawang - menjadi bulan sabit.

4. Masukkan zaitun dan keju diperap bersama bahan perapan, gaul rata dan hidangkan.

## 47. Gulung Perancis dengan keju

## PRODUK YANG DIPERLUKAN

- air - 1 dan 1/2 sudu kecil.
- mentega - 1 sudu besar. cair
- tepung - 1 dan 1/2 sudu kecil.
- keju - 250 g dihancurkan
- telur - 2 pcs
- lada hitam - secukup rasa
- lemak - untuk menggoreng
- gula - serbuk untuk taburan

## KAEDAH PENYEDIAAN

1. Didihkan air bersama minyak. Tuangkan tepung sekali dan gaul cepat sehingga mendapat doh yang licin.
2. Masukkan keju parut dan keluarkan dari lajur. Apabila doh telah sejuk, masukkan dua biji telur dan sedikit lada hitam, kacau sentiasa.
3. Panaskan lagi goreng lemak. Kikis doh dengan sudu basah dan jatuhkan ke dalam bebola dalam lemak panas.
4. Hidangkan gulung Perancis panas dan ditaburkan dengan gula tepung.

## 48. Pai sayur dengan keju

## PRODUK YANG DIPERLUKAN

- kerak - untuk pai 8 pcs.
- kentang - 2 pcs.
- zucchini - 3 pcs.
- lobak merah - 3 pcs.
- bawang - 1 kepala, merah
- bawang hijau - 4 - 5 tangkai
- bawang putih - 3 ulas
- keju - 200 g.
- telur - 2 pcs.
- oregano - cincang segar 1 sudu besar.
- selasih - cincang segar 1 sudu besar.
- thyme - dicincang baru 1 sudu besar.
- lada
- minyak zaitun - 50 g.

## KAEDAH PENYEDIAAN

1. Zucchini dan kentang diparut pada parut kasar. Letakkan dalam colander dan tekan dengan tapak tangan anda untuk mengalirkan jus sebanyak mungkin.
2. Lobak merah juga diparut pada parutan kasar. Kedua-dua bawang merah dan bawang putih dicincang halus.

3. Panaskan separuh minyak zaitun dalam periuk. Tumis bawang merah dan bawang putih di dalamnya selama 4-5 minit. Masukkan lobak merah dan gaul rata. Masukkan zucchini dan kentang yang telah ditoskan dan rempah hijau. Reneh selama 5-6 minit lagi, kacau sekali-sekala. Keluarkan dari api dan ketepikan untuk menyejukkan.
4. Untuk sayur, pecahkan keju dan masukkan telur yang telah dipukul. Perasakan inti dengan garam dan lada sulah.
5. Panaskan ketuhar hingga 200°C.
6. Griskan loyang yang sesuai dengan sedikit minyak zaitun. Susun separuh daripada kerak pastri di bahagian bawah, sapukan sedikit minyak zaitun di antara mereka. Edarkan inti. Kerak yang lain disusun di atasnya. Salutkan pai dengan minyak zaitun dan potong.
7. Bakar selama kira-kira 30 minit dalam ketuhar yang telah dipanaskan terlebih dahulu. Setelah dikeluarkan, biarkan sejuk sedikit.

## 49. Kentang disumbat dengan keju

## PRODUK YANG DIPERLUKAN

- kentang - 300 g.
- bawang - 1 ch.
- minyak - 15 ml.
- mentega - 10 g.
- keju - 30 g.
- tomato - 1 pc.
- telur - 1 pc.
- susu segar - 40 ml.
- tepung - 10 g.
- keju kuning - 40 gr.
- pasli - 1 sudu besar.

## KAEDAH PENYEDIAAN

1. Kentang dengan saiz yang sama dipilih. Mereka dikupas dan diukir seperti perahu. Dari rebus dalam lemak bawang cincang halus dan beberapa tomato menyediakan pemadat, yang keju dicincang, telur dan pasli ditambah selepas mengeluarkan dari api. Isikan kentang sumbat dengan baki puri tomato dan lemak dan bakar. Setelah lembut, taburkan sos bechamel yang diperbuat daripada mentega, tepung, susu dan kuning telur.

Taburkan keju kuning parut dan bakar lagi. Hidangkan bersama salad.

# 50. Pizza cepat dengan keju

## PRODUK YANG DIPERLUKAN

- Telur - 2 pcs.
- Tepung - 2 sudu besar. H
- Yogurt - 2 sudu besar. H
- Serbuk penaik - 1 sudu kecil.
- Mentega - 50 g.
- keju - 50 g.
- keju kuning - 50 gr.

## KAEDAH PENYEDIAAN

1. Kami membuat doh daripada tepung, telur, yogurt dan soda dan sedikit garam. Sapukan dalam kuali yang telah digris dengan mentega dan taburkan dengan keju parut, mentega parut dan keju parut.
2. Bakar dalam ketuhar yang telah dipanaskan.

# 51. Roti soda dengan keju

## PRODUK YANG DIPERLUKAN

- Yogurt - 1 sudu kecil.
- Telur - 1 keping
- Garam - secukup rasa
- Keju - 100 g tumbuk
- Minyak - 2 sudu besar.
- Tepung - 500 g
- Serbuk penaik - 1 sudu kecil.

## KAEDAH PENYEDIAAN

2. Di tengah tepung, tuangkan yogurt yang kita campurkan serbuk penaik untuk berbuih.
3. Masukkan telur, minyak, garam dan keju parut. Jika sudah masin tambah sedikit garam.
4. Kacau dengan garfu dan uli doh sederhana lembut.
5. Ia dibahagikan kepada 5-6 bola, yang disusun dalam dulang, membuat potongan silang di bahagian atas dengan pisau.
6. Bakar roti soda dalam ketuhar yang telah dipanaskan pada suhu 180 ° C.

## 52. Kek manis dengan keju

## PRODUK YANG DIPERLUKAN

- Telur - 2 pcs.
- Gula - 1 sudu kecil.
- Minyak - 7 sudu besar.
- Kerak kek - 6 pcs.
- Serbuk penaik - 1 sudu kecil.
- Keju - 2/3 sudu kecil.
- mentega

## KAEDAH PENYEDIAAN

1. Pukul telur bersama minyak, serbuk penaik dan gula hingga putih dan gula larut dengan baik.
2. Gris bahagian bawah dan tepi loyang dengan minyak atau masukkan ke dalam kertas pembakar.
3. Uli sedikit kerak dengan tangan anda selama setengah setengah supaya ia menjadi berbulu dan longgar, tetapi tidak rata.
4. Ambil adunan bersama telur dengan satu sudu besar dan tuangkan ke atas kerak pastri puff tulen, yang anda taburkan rata dengan sedikit keju.
5. Teruskan seperti ini dengan kerak yang lain.

6. Tutup dengan kerak terakhir setengah dan tuangkan baki adunan tanpa taburkan keju.
7. Cairkan 50 g mentega dan tuangkan kek manis yang dibuat dengan cara ini.
8. Bakar pada suhu 180 darjah sehingga perang keemasan.

53. Cendawan yang dibakar dengan keju

## PRODUK YANG DIPERLUKAN

- Cendawan - 300 g Google tanpa tunggul
- Keju - 2 sudu besar parut keras
- Minyak - 40 g
- Parsely
- bawang putih
- Serbuk roti
- lada

## KAEDAH PENYEDIAAN

1. Cendawan telah dibersihkan terlebih dahulu dan hanya cermin mata yang dikeluarkan. Anda boleh menggunakan tunggul untuk hidangan lain.
2. Susun cendawan dalam kuali yang telah disapu minyak. Taburkan rata dengan garam, serbuk roti, pasli dan bawang putih yang dicincang halus dan dicampur dan akhir sekali edarkan keju parut. Taburkan dengan lada hitam.
3. Gerimis dengan mentega cair, bakar dalam ketuhar yang tidak terlalu kuat selama 20 minit.

54. Roti bijan dengan keju

PRODUK YANG DIPERLUKAN

- Tepung - 500 g
- Serbuk penaik - 1 sudu kecil.
- Yogurt - 1 sudu kecil.
- susu segar - 1 sudu kecil.
- Mei - 20 tahun
- Gula - 1 sudu besar.
- Telur - 2 pcs.
- Keju - 150 g
- keju kuning - 3 sudu besar. digosok
- Mentega - setengah pek
- Biji bijan - 1 - 2 sudu besar.
- Kuning telur - 1 pc. Untuk mengedarkan

KAEDAH PENYEDIAAN

1. Larutkan yis bersama gula dalam susu dan biarkan ia mengembang.
2. Pukul telur dengan yogurt dan tambah 1 sudu besar. mentega cair, yis siap pakai, keju kuning parut dan keju parut.
3. Tuangkan tepung yang telah diayak dengan soda dan uli doh yang lembut.
4. Bentukkan doh yang terhasil menjadi bebola dengan diameter 4-5 cm dan tuangkan sedikit minyak ke dalam setiap bebola.

5. Susun roti dalam kuali yang telah disapu minyak, sapu dengan kuning telur yang telah dipukul dan taburkan dengan bijan.
6. Bakar dalam ketuhar yang kuat sehingga siap.

## 55. Pate keju tauhu

## PRODUK YANG DIPERLUKAN

- Tauhu - 300 g
- Bawang putih - 3 ulas
- Minyak zaitun - 3 sudu besar.
- lada
- Jus lemon - 1 sudu besar.
- Garam - secukup rasa
- dill

## KAEDAH PENYEDIAAN

1. Sediakan semua produk dan puri mereka dalam pengisar, tambah 2 sudu besar. air.
2. Tumbuk hingga halus dan hidangkan, secara pilihan menambah hirisan panggang.

## 56. Bubur dengan keju salai

PRODUK YANG DIPERLUKAN

- Bubur - 200 g separuh siap
- Zaitun berlubang - 10 pcs
- Keju - 200 g salai
- Sage - 1 tandan kecil (boleh digantikan dengan pasli, oregano, atau basil)
- lada hitam - secukup rasa

KAEDAH PENYEDIAAN

1. Masukkan bubur dalam periuk dengan lebih kurang. 850 ml air. Letakkan api yang tinggi di atas dapur dan selepas ia mendidih kecilkan api dan biarkan selama 10 minit, kacau selalu dengan sudu kayu kerana adunan harus rata.
2. Sementara itu, basuh dan keringkan bijak (atau rempah segar pilihan anda) dan potong kelopaknya. Parut keju salai dan tumbuk biji lada.
3. Cincang buah zaitun. Sebaik sahaja bubur pekat dan mula mengeras, masukkan rempah hijau cincang, keju, lada dan buah zaitun.
4. Kacau dengan kuat untuk mencampurkan semua bahan dan pulpa akan mula terpisah

dari dinding kuali. Hidangkan segera atau biarkan sejuk.

## 57. Terung sumbat dengan keju

## PRODUK YANG DIPERLUKAN

- Terung - 4 pcs.
- Keju - 300 g parut
- Saderi - 1 batang
- Krim - 2 sudu besar.
- Telur - 2 pcs.
- Pasli - 2 sudu besar.
- lada
- Bawang - 1 kepala besar
- Minyak - 2 sudu besar.

## KAEDAH PENYEDIAAN

1. Rebus terung dalam air masin untuk melembutkan sedikit. Keluarkan dan letakkannya dalam colander untuk mengalirkan air. Kemudian potong 2 bahagian dan cedok bahagian dalam dengan sudu.
2. Campurkan krim, keju, bawang, telur, saderi, lada hitam dan garam. Isikan terung dengan inti yang terhasil dan susun dalam kuali yang telah digris.
3. Siram dengan sedikit minyak dan bakar dengan api sederhana selama 20-30 minit.
4. Akhir sekali taburkan parsley dan biarkan sejuk sedikit.

## 58. Salad Paskah dengan keju

## PRODUK YANG DIPERLUKAN

- salad - 1 pc.
- bawang segar - 2 tangkai
- bawang putih segar - 2 tangkai
- Lobak - 1 sambungan
- timun - 1 kecil
- keju - 150 g
- yogurt - 2 sudu besar.
- kacang - 2 sudu besar. hancur
- telur - 2 pcs. direbus
- kiri
- cuka wain - 2 sudu besar.
- minyak - 3 sudu besar.

## KAEDAH PENYEDIAAN

1. Salad dibasuh, dikeringkan dan dipotong menjadi jalur kecil. Bawang dan bawang putih segar dipotong menjadi kepingan kecil, dan lobak dan timun menjadi kepingan. Campurkan sayur-sayuran cincang dalam mangkuk.
2. Taburkan salad dengan garam secukup rasa dan kacau, tuangkan cuka, kacau rata, dan akhirnya masukkan minyak.

3. Panggang walnut sebentar dan hancurkan. Campurkan dalam mangkuk dengan keju, yogurt dan dua bulu bawang segar yang dicincang halus.
4. Campuran dikacau, dicedok daripadanya dan bola dibentuk dengan tangan. Salad dihidangkan dihiasi dengan hirisan telur rebus dan bola keju.

## 59. Bubur tepung dengan keju

PRODUK YANG DIPERLUKAN

- Keju - 150 g
- Tepung - 1 sudu kecil.
- Minyak - 5 sudu besar.

KAEDAH PENYEDIAAN

1. Tuangkan tepung ke dalam minyak yang telah dipanaskan dan kacau sehingga perang keemasan.
2. Tuangkan air sehingga terbentuk pes, masukkan parutan / hancur / keju dan masak selama 5 minit, kacau sentiasa.

# 60. Sup krim tomato dengan keju

## PRODUK YANG DIPERLUKAN

- tomato - 1 kg
- selasih - pinggul mawar
- minyak zaitun - 2 sudu besar
- tepung - 1 sudu besar
- lada merah - 1 sudu kecil
- keju - 100 g
- air - 2 liter

## KAEDAH PENYEDIAAN

1. Basuh dan kupas tomato, selepas dikupas semua, masukkan semua tomato yang telah dikupas dalam pengisar dan kisar semua tomato.
2. Ambil periuk besar, masukkan minyak zaitun, tepung dan paprika ke dalam dan goreng seketika, kemudian masukkan tomato dan air dan tunggu semuanya mendidih.
3. Sekali lagi, tumbuk sup tomato dengan pengisar dan perasakan dengan garam dan selasih.
4. Hidangkan sup krim tomato dengan keju, taburkan dengan keju di atas.

# 61. Snek keju pedas

## PRODUK YANG DIPERLUKAN

- keju - 300 g
- lada panas - 7 - 8 pcs. Popcorn
- lutenitsa - 200 g buatan sendiri
- bawang - 1 bawang
- bawang putih - 4 ulas
- pasli - 1/2 sambungan

## KAEDAH PENYEDIAAN

1. Dalam mangkuk, campurkan lyutenitsa buatan sendiri dengan keju, bawang cincang, ulas bawang putih dan dibersihkan daripada biji dan lada panas yang dikupas dan pasli yang dicincang halus.
2. Snek keju pedas boleh dihidangkan sebagai pembuka selera, salad atau dihiris.
3. Selamat menjamu selera!

## 62. Pai susu dengan keju

## PRODUK YANG DIPERLUKAN

- kerak pai - 400 g
- keju - 200 g
- telur - 4 pcs.
- susu segar - 500 g
- minyak - 2 sudu besar.

## KAEDAH PENYEDIAAN

1. Di bahagian bawah kuali di mana kita akan membakar pai susu, sapukan minyak.
2. Dalam mangkuk, hancurkan keju, hancurkan telur dan masukkan susu. Kacau adunan sebati.
3. Masukkan dua kerak dalam kuali dan taburkan dengan adunan susu.
4. Diikuti lagi dengan dua helai kulit kayu, sekali lagi adunan dan seterusnya sehingga kerak dan adunan habis.
5. Potong pai susu dengan keju menjadi kepingan dan jika ada baki adunan, tuangkan di atas.
6. Letakkan dalam ketuhar pada suhu 180 darjah dengan kipas dalam ketuhar yang telah dipanaskan terlebih dahulu.
7. Bakar sehingga tan yang dikehendaki.

8. Hidangkan hangat.

# 63. Lada dengan keju - moussaka

## PRODUK YANG DIPERLUKAN

- lada - 1 kg
- lemak - 3 - 4 sudu besar.
- bawang - 2 - 3 kepala
- keju - 1 sudu kecil. rosak
- lada merah - 1 sudu kecil.
- telur - 3 pcs.
- tepung - 1 sudu besar. dicairkan dengan sedikit air
- yogurt - 1 - 1.5 sudu kecil.

## KAEDAH PENYEDIAAN

1. Kupas dan potong lada, letakkannya untuk goreng dalam lemak bersama-sama dengan 2-3 kepala bawang cincang halus.
2. Setelah lada dan bawang lembut, tuang separuh daripadanya ke dalam kuali yang telah digris.
3. Sebarkan keju dan tuangkan lada yang tinggal di atasnya.
4. Campurkan susu dengan telur, masukkan lada sulah dan tepung. Tuangkan moussaka lada dan bakar dalam ketuhar yang telah dipanaskan sehingga perang keemasan.

5. Resipi untuk Lada dengan keju - moussaka dibuat.
6. Moussaka vegetarian yang lazat dengan keju.

# 64. Pembuka selera keju Perancis

PRODUK YANG DIPERLUKAN

- keju - 250 g
- krim keju - 125 g
- minyak - 125 g
- bawang putih - 5 - 6 ulas
- dill - 1 sambungan
- bawang hijau - 1 pautan
- lada merah - 3 sudu besar.
- lada

KAEDAH PENYEDIAAN

1. Pukul mentega lembut menjadi krim dan masukkan keju parut dan keju krim, kacau sehingga berkrim.
2. Masukkan bawang putih yang ditumbuk, bawang besar yang dicincang dan dill serta lada hitam.
3. Kacau lagi dan bentuk menjadi gulungan, yang kami biarkan dibalut dengan filem regangan di dalam peti sejuk untuk mengeras.
4. Potong gulungan menjadi bulatan dengan mencairkan pisau dalam air suam supaya ia tidak melekat.

5. Gulungkan bulatan dalam lada merah dan susun di atas pinggan, yang kami simpan sejuk sehingga dihidangkan.

## 65. Bawang rebus dengan keju

## PRODUK YANG DIPERLUKAN

- bawang - 4 - 5 kepala
- keju - 300 g
- wain putih - 1 sudu kecil.
- mentega - 50 g
- bawang putih - 3 - 4 ulas
- lada hitam - secukup rasa
- garam - secukup rasa

## KAEDAH PENYEDIAAN

1. Potong bawang menjadi hirisan dan susun berlapis-lapis dalam kuali yang telah disapu minyak dengan salutan tidak melekat.
2. Di antara setiap baris letakkan kepingan keju, kepingan mentega dan bawang putih yang dicincang halus.
3. Taburkan dengan lada hitam, tuangkan wain dan reneh pada api perlahan selama 20-30 minit.

# 66. Muffin mentega dengan keju

## PRODUK YANG DIPERLUKAN

- yogurt - 1 cawan
- telur - 3 pcs.
- soda - 1 sudu kecil
- yis - 1 sachet, kering
- susu segar - 1 sudu kecil.
- gula - 1 sudu kecil.
- garam - 1 sudu kecil
- keju - 150 g
- minyak - 100 g
- tepung - seberapa banyak yang diperlukan
- minyak - untuk menggoreng

## KAEDAH PENYEDIAAN

1. Dalam mangkuk pukul telur, masukkan susu masam sambil kacau soda dan susu suam dengan yis terlarut.
2. Masukkan gula dan garam ke dalam adunan yang dihasilkan dan mula menuang tepung sehingga anda menguli doh yang lembut. Tutup dan biarkan mengembang selama 30 minit.
3. Gulungkannya di atas permukaan yang ditaburkan dalam bulatan.

4. Tutup separuh bulatan dengan keju parut, lipat dan tekan. Sapukan mentega cair di atas dan gulung.
5. Canai lagi dan gris lagi dengan minyak. Kami melancarkan gulungan baru. Gulung dan potong kecil, yang digoreng dalam minyak panas.

## 67. Brokoli dengan keju cair

## PRODUK YANG DIPERLUKAN

- brokoli - 1.5 kg
- krim - 1 cawan masam
- keju cair - 150 g
- mentega - 2 sudu besar.
- garam - secukup rasa
- jus lemon - dari 1 lemon

## KAEDAH PENYEDIAAN

1. Brokoli dipotong menjadi sejambak kecil dan dibasuh. Masukkan air mendidih dan keluarkan selepas 5 minit. Basuh dengan air sejuk dan biarkan toskan.
2. Kemudian susun dalam loyang yang telah digris dan masukkan krim.
3. Taburkan dengan rempah ratus dan campurkan semuanya. Hidangan dimasukkan ke dalam ketuhar 180 darjah yang telah dipanaskan terlebih dahulu.
4. Selepas kira-kira 15 minit, tutup brokoli dengan keju cair dan kembalikan ke ketuhar untuk mendapatkan kerak yang menyelerakan.

# 68. Muffin bayam dengan keju

## PRODUK YANG DIPERLUKAN

- telur - 3 pcs.
- yogurt - 5 sudu besar.
- susu segar - 160 ml
- keju - 170 g
- bayam - 140 g
- bawang putih - 1 sudu kecil. kepada habuk
- pala - 1/2 sudu kecil.
- garam - 1 sudu kecil
- serbuk penaik - 7 g
- tepung - 200 g

## KAEDAH PENYEDIAAN

1. Pukul telur bersama yogurt dan susu segar.
2. Kemudian masukkan keju parut, bayam cincang halus, rempah dan kacau.
3. Akhir sekali, masukkan tepung dan serbuk penaik yang telah diayak dan gaul rata untuk muffin masin.
4. Edarkan adunan dalam tin muffin.
5. Bakar muffin bayam dalam ketuhar yang telah dipanaskan pada 180 darjah selama 20 minit.

6. Anda boleh menghidangkan mufin bayam dengan keju untuk sarapan pagi atau tengah hari, dan juga membawanya ke jalan raya!

69. Pengemis jagung dengan keju

## PRODUK YANG DIPERLUKAN

- telur - 1 keping
- tepung - 1 sudu kecil.
- keju - 150 - 200 gram
- tepung jagung - 1 sudu kecil.
- yogurt - 5 sudu besar. (dengan tip)
- minyak - 1/2 sudu kecil.
- baking soda - 1/2 sudu kecil.
- minyak - 3 - 4 sudu besar. (untuk sapukan di atas dulang)
- serbuk penaik - 1 sudu kecil.

## KAEDAH PENYEDIAAN

1. Pukul telur bersama minyak dalam mangkuk yang dalam.
2. Campurkan tepung putih dengan serbuk penaik dan ayak bersama, masukkan ke dalam telur yang telah dipukul.
3. Masukkan tepung jagung.
4. Padamkan soda dalam yogurt dan masukkannya ke dalam adunan di atas sebaik sahaja ia berbuih. Anda harus mendapatkan adunan kek yang tebal. Akhir sekali, masukkan keju parut dan kacau.

5. Sediakan loyang berdiameter 22-24 cm dan lumurkan dengan minyak. Pindahkan campuran ke dalam.
6. Panaskan ketuhar hingga 180 darjah dan bakar kek masin yang lazat sehingga siap - kira-kira 25-30 minit.
7. Tepung jagung dengan keju sudah siap. Ia boleh dihidangkan panas atau sejuk.

## 70. Kroket kentang dengan keju

## PRODUK YANG DIPERLUKAN

- kentang - 800 - 1000 g
- keju - 150 g
- tepung - 40 g
- serbuk roti - 20 g
- pasli - 10 g
- telur - 2 brews
- mentega - 4 sudu besar. sayur
- lada hitam - 1 - 2 secubit
- garam - secukup rasa

## KAEDAH PENYEDIAAN

1. Kentang yang telah dikupas dan dibasuh direbus dalam air, hampir dikukus dan semasa hangat disalurkan melalui mesin penekan. Kepada puri yang dihasilkan tambah sedikit tepung, keju parut, 1 telur, garam, lada dan pasli cincang halus.
2. Campuran dikacau dan bebola dibuat, yang digulung dalam tepung, dicelup dalam baki telur yang dipukul, dalam serbuk roti dan sekali lagi dalam telur.
3. Goreng dalam lemak panas dan hidangkan hangat, dengan sos mustard.

## 71. Roti dengan krim keju

## PRODUK YANG DIPERLUKAN

- air - 1/2 sudu kecil. hangat
- keju - 200 g krim
- marjerin - 50 g
- gula - 1 dan 1/2 sudu besar.
- telur - 1 keping
- garam - 1 sudu kecil.
- Mei - 2 sudu kecil. kering
- tepung - 3 cawan
- bijan

## KAEDAH PENYEDIAAN

1. Campurkan semua bahan tanpa tepung sehingga adunan homogen. Perlahan-lahan mula menguli dengan tepung dan uli sehingga anda mendapat doh yang lembut.
2. Bentukkan bebola kecil dan masukkan ke dalam loyang yang telah digris.
3. Taburkan sedikit bijan dan bakar dalam ketuhar sederhana sehingga perang keemasan.

## 72. Sumbat timun dengan keju

## PRODUK YANG DIPERLUKAN

- timun - 2 keping
- keju - 200 g biri-biri atau lembu tanpa garam
- mentega - 100 g
- bawang - 4 tangkai liar
- walnut - 1 - 2 sudu besar. tanah
- lada
- Parsley - 2 tangkai
- dill - 2 tangkai
- minyak zaitun - 4 sudu besar.
- serbuk roti - 2 sudu besar.

## KAEDAH PENYEDIAAN

1. Potong setiap timun kepada 3 silinder. Ukir setiap satu dengan bantuan spatula lada atau sudu. Biarkan bahagian bawah nipis supaya inti tidak habis.
2. Pukul mentega dengan keju, tambah bawang cincang halus, walnut, pasli cincang dan dill dan rempah lain secukup rasa. Masukkan minyak zaitun dan kacau. Isi timun dengan pemadat, biarkan sejuk sebentar di dalam peti sejuk dan hidangkan.

73. Sup labu dengan keju

## PRODUK YANG DIPERLUKAN

- Labu - 500 g
- Keju - parut 1/2 sudu kecil
- Tepung - 2 sudu besar.
- Mentega - 4 sudu besar.
- Dill - 1 port
- Bawang - 1 kepala
- Bawang putih - 5 - 6 ulas
- Telur - 2 pcs.
- lada
- cuka

## KAEDAH PENYEDIAAN

1. Perapkan bawang besar dan bawang putih yang telah ditumbuk halus dalam minyak dan apabila sudah lembut, tuangkan air panas ke atasnya.
2. Kami membersihkan labu, memotongnya menjadi kiub dan menambahnya kepada produk lain untuk memasak dengan api perlahan sehingga siap.
3. Pukul tepung dengan sedikit air dan tuangkan ke dalam sup, masak selama beberapa minit lagi, kemudian masukkan keju dan kacau.

4. Bina sup yang telah disejukkan dengan telur yang telah dipukul dan perasakan dengan lada hitam, cuka dan garam.
5. Untuk berkhidmat, taburkan sup labu dengan dill cincang.

## 74. Bruschetta dengan krim keju

## PRODUK YANG DIPERLUKAN

- baguette - 1 pc. dengan biji
- krim keju - 125 g
- tomato - 2 pcs.
- selasih - segar

## KAEDAH PENYEDIAAN

1. Baguette dipotong menjadi kepingan menyerong. Sapukan setiap kepingan dengan keju krim.
2. Potong tomato menjadi kepingan kecil dan perasakan dengan garam, kemudian sapukan ke atas keju krim.
3. Susun bruschetta dalam kuali dan bakar sebentar di dalam ketuhar.
4. Apabila sudah siap, taburkan dengan selasih segar yang dicincang halus.
5. Mereka paling lazat apabila dimakan semasa masih hangat.

## 75. Ais krim keju krim

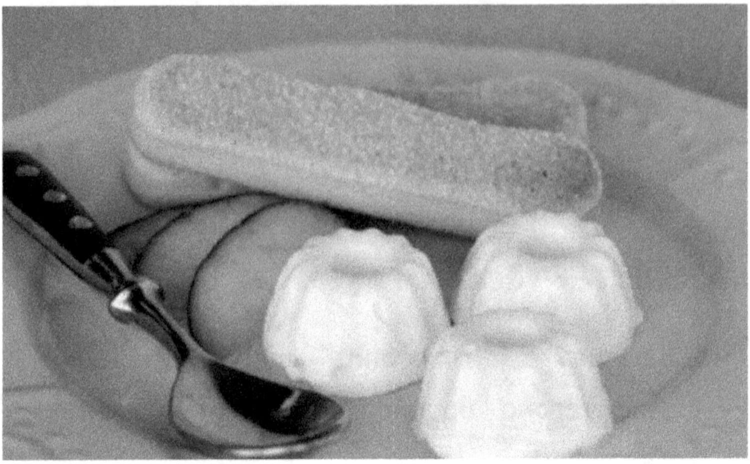

## PRODUK YANG DIPERLUKAN

- krim keju - 500 g.
- gula - 150 gr.
- krim - cecair 200 g.

## KAEDAH PENYEDIAAN

1. Kita pecahkan semua bahan, kita letak gula lebih kurang ikut citarasa kita.
2. Masukkan ke dalam mangkuk kaca dan bekukan selama 2 jam.
3. Hidangkan dengan tambahan puri strawberi atau pic.
4. Kita boleh menambah serutan kelapa atau kulit limau parut ke dalam aiskrim dan membekukannya.

# 76. Ayam dengan lada dan keju

## PRODUK YANG DIPERLUKAN

- daging ayam - 1 kg
- keju - 200 g
- lada - 300 g
- minyak - 60 g
- pasli

## KAEDAH PENYEDIAAN

1. Rebus ayam dalam air masin. Keluarkan dari sup, tulang dan potong kecil.
2. Panggang lada, kupas dan rebus sedikit dalam minyak panas.
3. Hancurkan keju. Sapukan lada dalam hidangan yang sesuai, susun kepingan ayam di atas, tutup dengan keju.
4. Letakkan baki daging dan baki mentega di atas.
5. Bakar sedikit hidangan di dalam ketuhar dan taburkan dengan pasli cincang halus.

# 77. Pasta cepat dengan keju cair

## PRODUK YANG DIPERLUKAN

- pasta - 100 g
- keju cair - 200 g
- bawang - 1 kepala
- minyak - 40 g
- tomato puri - 1 sudu besar.
- pasli

## KAEDAH PENYEDIAAN

1. Rebus pasta dalam air masin dan toskan. Cincang halus bawang dan goreng dalam minyak panas.
2. Pada akhir masukkan puri tomato dan goreng. Kepada campuran yang dihasilkan tambah pasta dan keju krim cincang halus.
3. Kacau adunan dan bakar dalam ketuhar selama beberapa minit. Taburkan dengan pasli cincang halus dan hidangkan.

## 78. Lingkaran asparagus dan keju

**PRODUK YANG DIPERLUKAN**

*PANKEK*

- tepung - 1 sudu kecil. (150g)
- garam - secukup rasa
- telur - 2 pcs.
- mentega - 2 sudu besar, cair + tambahan untuk melincirkan kuali

*SUMBAT*

- bayam - 400 g, tanpa tangkai
- asparagus - 500 g, muda, lembut
- keju kambing - 3/4 sudu teh. (180 g), kambing
- ricotta - 1 sudu kecil. (250 g) ricotta
- garam - secukup rasa
- pala - 1/8 sudu kecil.
- krim - 2/3 sudu teh, rendah lemak
- mentega - 1 sudu besar, dalam kepingan
- parmesan - 3/4 (90 g)

**KAEDAH PENYEDIAAN**

1. Pancake: Ayak tepung bersama garam dalam mangkuk sederhana. Pukul telur bersama gula. Masukkan susu dan mentega cair secara beransur-ansur. Doh dikacau sehingga licin,

selepas itu ia harus berdiri selama satu jam. Sapu kuali dengan baki minyak. Dengan senduk senduk keluar dari kuali dan tuangkan kuali. Setiap penkek dibakar di kedua-dua belah pihak, berhati-hati agar tidak hangus.

2. Isian: Rebus bayam bersama asparagus dalam air mendidih masin sehingga lembut. Perah dan potong nipis. Campurkan bayam, asparagus, keju kambing dan ricotta dalam mangkuk besar. Taburkan dengan garam dan buah pala. Setiap penkek dipotong hingga 2.5 cm. Ketuhar dipanaskan hingga 200 darjah. Sapukan loyang dengan minyak. Susun penkek yang telah dihiris. Tuangkan krim dan taburkan mentega dan taburkan dengan keju Parmesan. Bakar selama kira-kira 15 minit, sehingga keperangan. Hidangkan panas.

# 79. Swiss roll dengan keju mascarpone

## PRODUK YANG DIPERLUKAN

- Biskut - 2 pek biasa
- susu segar - 100 liter
- Rum - 50 l
- Mascarpone - 500g
- Susu - 200g pekat
- Badam - dihancurkan kira-kira 100 g

## KAEDAH PENYEDIAAN

1. Campurkan susu sejuk dengan rum dan kacau. Campurkan keju dengan susu pekat juga sehingga krim berbuih terbentuk.
2. Letakkan foil dan letak 9 biskut di atas - 3 baris 3 biskut. Siram dengan susu rum dan sapu dengan krim. Kemudian letakkan baris kedua biskut di atas, taburkan lagi dan sapukan krim sehingga produk habis. Lapisan terakhir mestilah krim.
3. Dengan menggunakan kerajang, angkat barisan sisi biskut supaya menjadi gulungan segi tiga (3 biskut tengah hendaklah kekal di bahagian bawah).
4. Bentukkannya, picit bahagian tepi kerajang dan tariknya ketat. Letakkan gulungan di

dalam peti sejuk untuk mengetatkannya. Lakukan perkara yang sama dengan baki krim.

5. Sebelum dihidangkan, keluarkan kerajang dan sapukan krim yang tinggal di semua sisi gulungan. Masukkan badam.

## 80. Pisang bakar dengan keju parmesan

## PRODUK YANG DIPERLUKAN

- pisang - 6 pcs.
- parmesan - 100 g (parut)
- serbuk roti - 1 sudu besar.
- mentega - 2 sudu besar
- lada hitam - $\frac{1}{2}$ sudu kecil
- garam - $\frac{1}{2}$ sudu kecil.

## KAEDAH PENYEDIAAN

1. Kupas pisang dan parut.
2. Susun dalam loyang yang telah disapu minyak dan tabur garam, lada hitam, serbuk roti dan keju.
3. Bakar dalam ketuhar selama 10 minit pada suhu 220 darjah.

## 81. Kaviar terung dan keju

## PRODUK YANG DIPERLUKAN

- keju - 1/2 sudu kecil. rosak
- terung - 3 pcs.
- minyak - 4 sudu besar.
- bawang putih - 4 ulas
- cuka - 2 sudu besar.
- tomato - 1 pc.
- telur - 1 rebus

## KAEDAH PENYEDIAAN

1. Terung dibakar dan dilenyek.
2. Secara beransur-ansur masukkan minyak, bawang putih yang dihancurkan, keju dan cuka.
3. Semuanya rosak dengan baik. Ratakan adunan di atas pinggan dan ratakan.
4. Potong tomato dan telur ke dalam bulatan dan hiaskan puri dengannya.

## 82. Focaccia dengan isi keju

## PRODUK YANG DIPERLUKAN

*DOugh FOCACCIA*

- yis - 25 g atau 2 sachet 7 g, kering
- gula - 1 sudu kecil.
- air - $\frac{3}{4}$ cawan (200 ml), suam
- tepung - 3 1/3 sudu kecil. (500), biasanya + $\frac{1}{2}$ sudu kecil. (75 g), untuk percikan pada desktop
- garam - $\frac{3}{4}$ sudu teh
- air - 1 sudu kecil.
- minyak zaitun - 6 sudu besar.
- keju - 1 1/4 sudu kecil. Stracchino atau keju lembut + 1 sudu besar. susu

## KAEDAH PENYEDIAAN

1. Uli doh dengan 4 sudu besar. daripada minyak zaitun. Biarkan mengembang kira-kira sejam. Griskan loyang bersaiz (25 x 38 cm).
2. Doh dibahagikan kepada dua bahagian dan digulung kepada dua bahagian mengikut bentuk pembakar. Satu bahagian dipindahkan ke borang.
3. Sapukan keju di atasnya, tinggalkan jalur kosong 1 cm di sepanjang tepi, kemudian sapukan dengan baki doh. Tutup dengan baik

dan biarkan mengembang selama 30 minit lagi.

## 83. Tomato panggang dengan keju parmesan

## PRODUK YANG DIPERLUKAN

- tomato - 4 pcs.
- parmesan - 4 sudu besar. (keju parut
- telur - 8 pcs.
- serbuk roti - 4 sudu besar.
- mentega - 3 sudu besar.

## KAEDAH PENYEDIAAN

1. Tomato dibelah dua dan bahagian dalam dilubangkan.
2. Pukul satu telur pada setiap separuh dan taburkan dengan keju dan serbuk roti.
3. Letakkan sekeping mentega dan susun tomato dalam kuali yang telah digris.
4. Bakar dalam ketuhar 200 darjah yang telah dipanaskan terlebih dahulu.

# 84. Pizza dengan keju dan kentang

## PRODUK YANG DIPERLUKAN

*doh PIZZA*

- yis - 25 g, segar atau 2 sachet (7 g setiap satu), kering
- air - 2/3 sudu kecil. (150 ml), suam
- tepung - 3 sudu kecil. (450 g), biasanya = ½ sudu kecil. (75 g), untuk percikan pada desktop
- garam - ½ sudu kecil.

*SUMBAT*

- kentang - 200 g, 1/4, dihancurkan menjadi kiub
- Emmental - 60 g, dipotong dadu
- brie - 60 g, dipotong dadu
- minyak zaitun - 1 sudu besar.
- garam - secukup rasa
- Rosemary - 1 sudu besar
- parmesan - 1/2 sudu kecil. (60g)

## KAEDAH PENYEDIAAN

1. Doh digaul bersama kentang lecek dan dibiarkan mengembang lebih kurang sejam setengah. Loyang piza berdiameter 30 cm disapukan dengan lemak sayuran.

2. Setelah doh siap, uli selama 1 minit dan ratakan dalam loyang. Taburkan dengan Emmental, keju Brie bersama kentang.
3. Garam dan taburkan dengan rosemary dan parmesan. Biarkan selama kira-kira 30 minit. Panaskan ketuhar hingga 220 darjah. Bakar lebih kurang 25-30 minit.

# 85. Risotto dengan lobak dan keju

## PRODUK YANG DIPERLUKAN

- bawang - 1 kepala, dicincang halus
- lobak - 200 g, dikupas halus
- mentega - 2 sudu besar
- minyak zaitun - 1 sudu besar.
- risotto - 1 1/2 sudu kecil.
- wain putih - 4 sudu besar.
- sup - 3 sudu kecil. (750 ml), sayur-sayuran
- garam - secukup rasa
- lada hitam - secukup rasa
- keju - 150 g, Teleggio atau Mozzarella

## KAEDAH PENYEDIAAN

1. Goreng bawang dan lobak dalam minyak dan minyak ẓaitun selama kira-kira 10 minit. Masukkan beras, kacau sentiasa.
2. Tambah wain dan sup sayur-sayuran secara beransur-ansur, dalam bahagian 1 sudu kecil. Biarkan mendidih selama 20 minit.
3. Garam dan taburkan dengan lada hitam dan keju Teleggio, mozzarella atau keju lain mengikut citarasa anda.

## 86. Keju dengan lada dalam kaserol

## PRODUK YANG DIPERLUKAN

- keju - 300 g lembu
- mentega - 50 g lembu
- tomato - 3 pcs.
- lada - 5 pcs. manis + 5 pedas
- lada merah - 1/2 sudu kecil.

## KAEDAH PENYEDIAAN

1. Potong keju menjadi kepingan dan edarkannya dalam periuk, atas dengan cincin tomato, dan cincang lada pra-panggang dan kupas.
2. Taburkan sedikit mentega cair, letakkan pada penutup dan letakkannya untuk dibakar.
3. Masukkan lada panas yang dicincang dan baki mentega cair, goreng dengan lada merah. Bakar lagi dan hidangkan.

87. Sup telur dan keju

## PRODUK YANG DIPERLUKAN

- sup - 750 ml sup ayam
- telur - 1 pc.
- keju - 4 sudu besar. Keju hancur
- pasli - 1/2 sudu besar.
- sayur-sayuran - 2 sudu besar. dikeringkan
- mee - 1 - 2 genggam, pilihan

## KAEDAH PENYEDIAAN

1. Letakkan kuah di atas dapur hingga mendidih. Tambah padanya telur yang telah dipukul.
2. Untuk rasa sup yang lebih sedap, masukkan sayur-sayuran kering dan mee. Keluarkan dari api selepas 10 minit dan tuangkan ke dalam dua mangkuk.
3. Letakkan 2 sudu besar. keju parut dalam setiap, taburkan dengan pasli dan hidangkan panas.

# 88. Telur keju Thracian

## PRODUK YANG DIPERLUKAN

- keju - 200 g
- telur - 8 pcs.
- susu segar - 400 ml
- pasli - 1/2 sambungan
- mentega - 8 g
- tepung - 30 g
- lada
- garam - secukup rasa

## KAEDAH PENYEDIAAN

1. Pukul telur dan masukkan tepung, garam, pasli cincang halus dan baki susu segar yang dicairkan dengan sedikit susu sejuk.
2. Selepas kacau, tuangkan adunan ke dalam loyang yang telah digris dengan mentega. Taburkan dengan keju parut, mentega pra-cair dan lada hitam.
3. Bakar hidangan dalam ketuhar sederhana sehingga merah jambu. Hidangkan segera. Jika dikehendaki, anda boleh menghiasi dengan pasli dan tomato.

## 89. Puding dengan kembang kol dan keju

## PRODUK YANG DIPERLUKAN

- Kembang kol - 700 g dikupas
- telur - 4 pcs. + 2 protein
- mentega - 60 g
- keju - 100 g rebus keras
- serbuk roti - 50 g
- mentega - untuk menyebarkan + serbuk roti taburkan borang

## KAEDAH PENYEDIAAN

1. Tuangkan bunga kobis dalam air mendidih dan masin, masak sehingga hampir lembut, toskan dan potong halus.
2. Pukul mentega dengan garam, masukkan kuning, kemudian kembang kol, keju parut dan serbuk roti yang diayak. Akhir sekali, gaul dengan putih telur yang telah dipukul tadi.
3. Tuang adunan dengan loyang yang telah digris dan dilapisi tepung roti. Letakkan puding kembang kol untuk dibakar dalam ketuhar yang rendah.
4. Secara tradisinya, puding dihidangkan dengan kentang rebus atau kentang tumbuk dan salad sayuran. Puding daripada sayur-

sayuran lain, seperti kubis, disediakan dengan cara yang sama.

## 90. Salad dengan kentang dan keju

## PRODUK YANG DIPERLUKAN

- keju - 250 g
- jeruk - 2 keping
- kentang - 2 keping, direbus dengan kulitnya
- bawang - 1 kepala
- minyak
- krim masam
- Mustard
- cuka
- bawang putih - cincang halus
- lada

## KAEDAH PENYEDIAAN

1. Potong timun dan kentang yang dikupas menjadi jalur. Potong bawang, parut keju atau keju kuning jika mahu.
2. Campurkan timun, kentang, keju dan masukkan baki bahan dan rempah.
3. Kacau perlahan salad dan hidangkan selepas 30 minit.

## 91. Gulungan keju dan ham

## PRODUK YANG DIPERLUKAN

- pastri puff - beku 500 g.
- ham - 100 gr.
- keju - 100 g.
- jeruk - 2 pcs.
- buah zaitun - 5 pcs.
- mayonis - 1 sudu kecil.
- krim masam 2 sudu besar.
- mustard - 1 sudu kecil
- bawang - segar 1 tangkai
- pasli - 3 sudu besar.

## KAEDAH PENYEDIAAN

1. Cairkan puff pastry di dalam peti sejuk. Keluarkan, buka gulungan dan potong segi empat sama dengan sisi 6 cm. Setiap persegi dipotong dengan pisau tajam mengikut skema. Sudut yang dipotong dilekatkan pada bahagian yang bertentangan dengan sedikit air sejuk.
2. Susun baldi pada jarak yang lebih jauh dalam dulang yang dialas dengan kertas pembakar dan bakar dalam ketuhar yang telah dipanaskan pada suhu 200 ° C. Apabila ia naik, keluarkan dari ketuhar dan bahagian

tengah dan tekan tepi dengan sudu kecil. Mereka diletakkan untuk dibakar lagi. Apabila ia menjadi merah dengan baik, keluarkan dan, jika perlu, tekan di tengahnya sekali lagi untuk membuat cawan. Biarkan sejuk.

3. Mayonis dicampur dengan krim, mustard dan bawang segar yang dicincang halus. Masukkan ham cincang, keju, buah zaitun yang dipotong dadu dan jeruk cincang halus. Jika perlu, perasakan dengan jus lemon, lada sulah dan garam.
4. Isi mangkuk dengan inti yang terhasil dan taburkan dengan pasli cincang.
5. Idea - semak siap boleh ditaburkan dengan keju kuning parut halus dan kepingan timun

## 92. Brokoli dengan keju kukus

## PRODUK YANG DIPERLUKAN

- brokoli - 1 kg
- keju - 20 - 100 g parut
- mentega - 100 g lembu
- telur - 2 kuning
- jus lemon

## KAEDAH PENYEDIAAN

1. Bahagikan brokoli kepada bunga ros dan potong batangnya.
2. Kupas batang yang telah dipotong dan potong.
3. Potong perbungaan yang lebih besar memanjang.
4. Masukkan segala-galanya ke dalam pengukus dan masak selama 10 minit supaya mereka mengekalkan warna penuhnya.
5. Semasa menghidang, masukkan garam dan taburkan dengan keju parut.
6. Untuk sos, pukul kuning dengan 2 sudu besar. air suam. Masukkan mentega dan kacau. Panaskan sehingga berkrim, tetapi jangan biarkan sos mendidih. Perasakan dengan jus lemon dan garam secukup rasa.

## 93. Sup kuning dengan keju

## PRODUK YANG DIPERLUKAN

- Sup - 1.25 liter ayam
- telur - 4 pcs. kuning telur
- keju - 120 g
- lada

## KAEDAH PENYEDIAAN

1. Asingkan kuning telur dan pukul bersama dengan keju yang dicincang halus. Panaskan mereka dengan api yang sangat perlahan sehingga keju cair.
2. Kacau sentiasa, masukkan air rebusan ayam secara beransur-ansur. Panaskan hampir mendidih. Angkat dari api dan hidangkan.
3. Jika mahu, perasakan dengan garam dan lada sulah dan taburkan dengan sedikit pasli yang dicincang halus.
4. Mulai sekarang anda boleh menambah ikan, ayam atau daging lain ke dalam sup - perkara pilihan.

# 94. Kaserol dengan quinoa dan keju

## PRODUK YANG DIPERLUKAN

- quinoa - 150 g
- air - 3 cawan teh
- garam - 1/2 sudu teh
- telur - 2 pcs.
- tauhu - 200g
- keju - 100 g keras
- keju kuning - 70 g
- tomato - 1 pc.
- lada

## KAEDAH PENYEDIAAN

1. Tuangkan quinoa dengan air masin, biarkan mendidih dan masak dengan api perlahan selama kira-kira 15 minit. Sementara itu, pukul telur dan masukkan tauhu yang dicincang, garam dan lada sulah.
2. Campurkan quinoa dengan adunan telur, gaul rata, tutup dengan hirisan keju kuning (atau Camembert), dan susun hirisan tomato di atas dan tutup dengan keju keras parut.
3. Bakar hidangan selama kira-kira 15-20 minit dalam ketuhar 180 darjah yang telah dipanaskan terlebih dahulu. Hidangkan ditaburkan dengan pasli.

## 95. Bayam dengan bawang dan keju

## PRODUK YANG DIPERLUKAN

- bayam - 800 g
- bawang hijau - 1 pautan
- keju - 120 g
- yogurt - 100 g
- tepung - 1 sudu besar.
- bawang putih - 1 tandan segar
- jus lemon
- minyak
- pasli

## KAEDAH PENYEDIAAN

1. Bawang besar, bawang putih dan bayam dipotong menjadi kepingan besar dan direndam dalam air masin mendidih, kemudian toskan dan kisar. Pukul susu masam dengan tepung dan letakkan di atas api.
2. Masukkan produk kisar, jus lemon, minyak, garam dan pasli cincang ke dalam sos yang sudah mendidih. Kacau sentiasa, dan akhir sekali masukkan keju parut.

## 96. Stik babi dengan keju cair

**PRODUK YANG DIPERLUKAN**

- daging babi - 6 pcs. potong atau leher

*UNTUK SOS*

- bawang - 1 bawang
- susu segar - 300 ml
- keju cair - 6 keping segi tiga
- sup - 1 kiub daging lembu
- tepung - 2 sudu besar.

**KAEDAH PENYEDIAAN**

1. Hancurkan daging babi dengan tukul, garam di kedua-dua belah pihak dan letakkan di bahagian bawah kuali panggang.
2. Parut bawang dan tapis jusnya melalui kain kasa. Kami memerlukan kira-kira 2-3 sudu besar. Susu dipanaskan.
3. Taburkan kiub rebusan daging lembu yang telah dihancurkan dan gaul rata. Mereka menambah kepingan keju cair, sos bawang dan tepung dan campurkan semuanya sehingga sos licin.
4. Tuangkan sos aromatik ke atas daging babi dan bakar dalam ketuhar yang dipanaskan 180 darjah selama kira-kira 45 minit.

## 97. Sup lada dan keju

## PRODUK YANG DIPERLUKAN

- keju - 100 g
- tepung - 1 sudu besar
- lada - 5 pcs. merah
- bawang putih - 2 kepala
- minyak - 2 sudu besar.
- lada
- krim - 3 - 4 sudu besar. diperam

## KAEDAH PENYEDIAAN

1. Cincang halus bawang dan lada dan rebus dalam air masin sehingga lembut. Angkat dari api, tapis dan kembali mendidih.
2. Sudah tiba masanya untuk menggulung keju yang dicincang dalam tepung dan memasukkannya ke dalam sup panas. Biarkan mendidih selama 15 minit lagi dengan api perlahan.
3. Hidangkan sup dengan 1 sudu besar. krim masam dan lada hitam.

## 98. Keju dan pai bijan

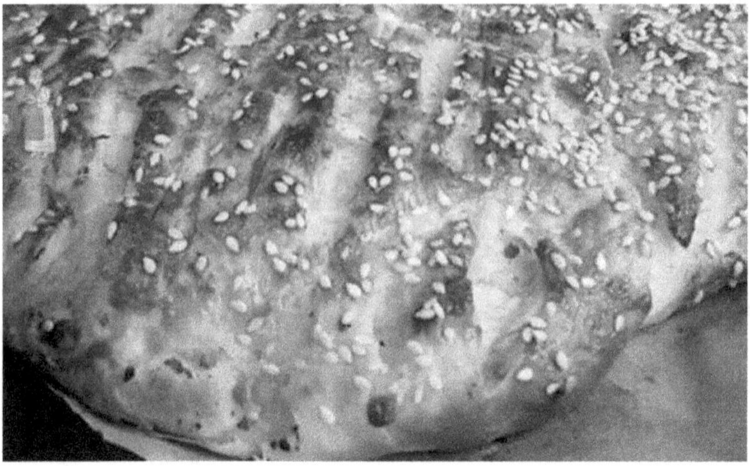

## PRODUK YANG DIPERLUKAN

- pastri puff - 1 pek.
- keju - 200 g Feta (atau putih lain)
- telur - 2 pcs.
- keju kuning - 1 sudu kecil. parut
- biji bijan - 1 sudu kecil.
- mentega - 1 1/2 sudu kecil.
- Pasli - 1 sambungan
- pudina

## KAEDAH PENYEDIAAN

1. Kupas labu, parut dan potong halus. Campurkan dengan telur yang dipukul, pudina cincang, keju kuning parut dan keju yang anda hancurkan dengan garpu. Masukkan sedikit garam dan lada sulah.
2. Sapukan puff pastry yang telah siap dan potong menjadi jalur berukuran 5-6 kali 30 sentimeter. Sapukan banyak minyak ke permukaan. Pada akhir setiap jalur tuangkan 1-2 sudu teh. pemadat, kemudian lipat tepinya supaya mendapat segi tiga. Potong dari pita dan tekan tepi.
3. Ulangi sehingga produk habis. Susun pai yang telah siap dalam kuali yang telah digris.

Taburkan bijan dan sembur sedikit dengan air.

4. Masukkan mereka ke dalam ketuhar sederhana yang telah dipanaskan dan bakar selama kira-kira 15-20 minit.

# 99. Roti zucchini dengan keju

## PRODUK YANG DIPERLUKAN

- zucchini - 2 pcs.
- tepung - 2 sudu kecil.
- telur - 3 pcs
- yogurt - 1/2 sudu kecil.
- baking soda - 1 sudu kecil.
- keju - 150 g
- bawang putih - 5 ulas
- dill - 1/2 sambungan
- pasli - 1/2 sambungan
- lada
- minyak - untuk mandi minyak

## KAEDAH PENYEDIAAN

1. Kupas zucchini dan parut pada parut sederhana.
2. Masukkan telur yang dipukul, tepung, keju, bawang putih cincang, dill, pasli dan yogurt di mana kita membubarkan soda. Perasakan dengan lada hitam dan garam.
3. Kacau campuran dengan baik dan dengan bantuan sudu minyak, turunkan roti zucchini yang disediakan dengan keju dalam mandi minyak panas.

4. Hidangkan roti sayur pada daun salad dan tangkai pasli.
5. Roti yang lazat untuk pencinta resipi tanpa daging.

## 100. Keju panggang dalam daun anggur

## PRODUK YANG DIPERLUKAN

- keju - 500 g, jeruk putih
- tomato - 2 pcs.
- daun anggur - segar
- Oregano - 1 secubit
- bawang - 1 pc. merah
- minyak zaitun
- roti
- bawang putih

## KAEDAH PENYEDIAAN

1. Potong keju menjadi kepingan kecil. Jika daun anggur lebih besar - mengikut mereka. Potong tomato dan bawang besar. Perasakan tomato dengan secubit oregano dan garam.
2. Letakkan sekeping keju pada setiap daun, sekeping tomato dan sepotong bawang di atasnya. Siram dengan beberapa titis minyak zaitun. Balut helaian dalam satu paket.
3. Letakkan paket anggur yang disediakan pada gril yang dipanaskan dan bakar selama 2-3 minit pada setiap sisi. Roti bakar hirisan.
4. Gosok mereka hangat dengan seulas bawang putih dan tuangkan minyak zaitun. Letakkan sebungkus daun anggur dengan keju pada

setiap kepingan. Gerimis lagi dengan beberapa titis minyak zaitun. Susun dalam pinggan yang sesuai dan hidangkan keju yang dibakar! Keju panggang yang sangat lazat dengan rasa masakan Mediterranean!

5. Berseronoklah dengan keju panggang dalam daun anggur!

# KESIMPULAN

Keju dibuat terutamanya daripada susu lembu, tetapi ia juga boleh dibuat daripada susu kambing atau biri-biri. Camembert, Emmentaler, keju kotej, ricotta, Brie, Gruyère, Parmesan, Mozzarelle, dan jenis popular lain termasuk Camembert, Emmentaler, keju kotej, ricotta, Brie, Gruyère, Parmesan, Mozzarelle dan lain-lain. Pelbagai jenis keju digunakan untuk melengkapkan dan memperhalusi banyak resipi keju.

Sesetengah bau keju boleh menjadi sangat kuat, jadi penyimpanan keju adalah sangat penting. Fondue keju dan raclette adalah dua daripada resipi keju yang paling terkenal. Hidangan keju yang hangat, sejuk dan manis juga boleh disediakan dan dicuba. Kami yakin bahawa kami mempunyai resipi keju yang sempurna untuk anda.

www.ingramcontent.com/pod-product-compliance
Lightning Source LLC
La Vergne TN
LVHW010020081026
849535LV00016B/1729